Karl Marx und seine Staatstheorie

Wilfried Röhrich

Karl Marx und seine Staatstheorie

Zum 200. Geburtstag des Philosophen

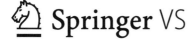 Springer VS

Wilfried Röhrich
Christian-Albrechts-Universität zu Kiel
Kiel, Deutschland

ISBN 978-3-658-21481-4   ISBN 978-3-658-21482-1   (eBook)
https://doi.org/10.1007/978-3-658-21482-1

Die Deutsche Nationalbibliothek verzeichnet diese Publikation in der Deutschen National-
bibliografie; detaillierte bibliografische Daten sind im Internet über http://dnb.d-nb.de abrufbar.

Springer VS
© Springer Fachmedien Wiesbaden GmbH, ein Teil von Springer Nature 2018

Gedruckt auf säurefreiem und chlorfrei gebleichtem Papier

Springer VS ist ein Imprint der eingetragenen Gesellschaft Springer Fachmedien Wiesbaden GmbH
und ist ein Teil von Springer Nature
Die Anschrift der Gesellschaft ist: Abraham-Lincoln-Str. 46, 65189 Wiesbaden, Germany

Inhalt

Einleitung

1

Dieses Buch, das zum 200. Geburtstag von Karl Marx erscheint, will sich mit seiner Staatstheorie auseinandersetzen, die allerdings als keine geschlossene Darstellung vorliegt. Marx' Plan, ein Buch seines auf sechs Bände konzipierten ‚Kapitals' dem Staat zu widmen, gelangte nicht mehr zur Ausführung. Bekannt ist allein die Disposition. So heißt es im berühmten Vorwort der Schrift ‚Zur Kritik der Politischen Ökonomie': „Ich betrachte das System der bürgerlichen Ökonomie in dieser Reihenfolge: Kapital, Grundeigentum, Lohnarbeit; Staat, auswärtiger Handel, Weltmarkt." (MEW Bd. 13, S. 7) Und in den ‚Grundrissen der Kritik der Politischen Ökonomie' findet sich im Zusammenhang einer Gliederungsskizze für Marx' Kapitalanalyse das etwas ausführlichere Exposé zur Behandlung der Staatsfrage: „Dann der Staat. (Staat und bürgerliche Gesellschaft). – Die Steuer, oder die Existenz der unproduktiven Klassen. – Die Staatsschuld. – Die Population. – Der Staat nach außen: Kolonien. Auswärtiger Handel. Wechselkurs. Geld als internationale Münze. – Endlich der Weltmarkt. Übergreifen der bürgerlichen Gesellschaft über den Staat. Die Krisen. Auflösung der auf den Tauschwert gegründeten Produktionsweise und Gesellschaftsform. Reales Setzen der individuellen Arbeit als gesellschaftlicher und vice versa." (MEW Bd. 42, S. 24)

Der fragmentarische Charakter der Staatstheorie von Marx, den das Zitat unterstreicht, hat immer wieder „Rekonstruktionen" seiner Staatstheorie initiiert. Je nach den herangezogenen Schriften wurde diese oder jene Komponente zugrunde gelegt. Wie bei vielen anderen Aspekten des Werkes von Marx griff man einzelne Theoriegesichtspunkte auf Kosten anderer heraus, übersah aber dabei die konzeptionelle Einheit im Entwicklungsgang. Hier soll nun den vorhandenen Rekonstruktionen der Staatstheorie keine weitere hinzugefügt werden. Es wird auch nicht der Versuch unternommen, Marx' Denken einheitlicher und geschlossener erscheinen zu lassen, als es tatsächlich ist. Absicht dieser Betrachtung ist es vielmehr, die einzelnen Ansätze der Staatstheorie von Marx nachzuzeichnen und ihnen jeweils

© Springer Fachmedien Wiesbaden GmbH, ein Teil von Springer Nature 2018
W. Röhrich, *Karl Marx und seine Staatstheorie*,
https://doi.org/10.1007/978-3-658-21482-1_1

die klassischen Konzeptionen sowie die neueren Positionen der materialistischen Staatsdiskussion zuzuordnen.

Die Publikation geht in textnaher Interpretation genetisch vor, d. h. von den mehr philosophisch-anthropologischen Frühschriften von Marx über seine empirischen Untersuchungen der Klassenkämpfe in Frankreich bis hin zu den vorwiegend ökonomischen Darlegungen der späteren Schaffensperiode. Vorgenommen wird mithin eine Dreiteilung, der die materialistische Staatsdiskussion neuerer Observanz deshalb gut zugeordnet werden kann, weil sie sich selbst – entsprechend dieser Einteilung – in drei Richtungen entwickelt hat. So behandelt der erste Teil dieser Untersuchung die Staatstheorie als Ideologiekritik der bürgerlichen Staatstheorie. Für diesen Ansatz sind die frühen Arbeiten von Marx kennzeichnend. In ihnen werden, wie in der ‚Judenfrage‘ und der ‚Kritik des Hegelschen Staatsrechts‘, das Wesen des Staates und seine Beziehung zur Gesellschaft aufgezeigt; und in den ‚Ökonomisch-philosophischen Manuskripten‘ (den Pariser Manuskripten von 1844) veranschaulicht Marx die grundlegenden Probleme der entfremdeten Arbeit. Dieser Teil wird u. a. auch Aussagen von Engels und Miliband aufzeigen. – Im zweiten Teil geht es dann um die Staatstheorie als Theorie der Zerschlagung des bürgerlichen Staates. Diese Theorie beruht auf den Erfahrungen der zeitgenössischen Ereignisse in Frankreich. Mit ihnen befasst sich Marx vor allem in seiner Untersuchung über den ‚Achtzehnten Brumaire des Louis Bonaparte‘, die beispielsweise Thalheimer für seine Faschismusanalyse aktualisiert hat. In Marx' Bonapartismusanalyse wie in den anderen Untersuchungen über die französischen Ereignisse betrachtet Marx den Staat überwiegend als einen aus der Klassenspaltung entstandenen Zwangsapparat zur Unterdrückung der Arbeiterklasse und zur gleichzeitigen Überbrückung divergierender Fraktionsinteressen innerhalb der Kapitalistenklasse. Den Zwangscharakter des Staatsapparates hat dann Engels in der theoretischen Verallgemeinerung zum vorherrschenden Merkmal erhoben. Und an diesen Aussagen hat sich Lenin in seinem Kampf gegen den Revisionismus und für die Revolution maßgeblich orientiert. Die Staatsfunktion der Überbrückung divergierender Staatsinteressen innerhalb der Kapitalistenklasse findet sich des Weiteren in Poulantzas' Konzeption des „Machtblocks" wieder. – Im dritten Teil der vorliegenden Betrachtung schließlich konzentriert sich die Interpretation auf die Staatstheorie als Theorie von der Entwicklung der Staatsfunktionen im Zusammenhang des Vergesellschaftungsprozesses der kapitalistischen Produktionsweise. In mehreren Passagen des ‚Kapitals‘ und in den ‚Grundrissen der Kritik der Politischen Ökonomie‘ beschäftigt sich Marx mit dem Verhältnis von „ökonomischer" und „politischer" Herrschaft und mit dem Problem der Ableitung von Form und Funktion des bürgerlichen Staates. Der Theorieansatz, der in diesen Arbeiten dominiert, hat am meisten die neuere Staatsdiskussion inspiriert; die Theorie des staatsmonopolistischen Kapitalismus sei als ein Beispiel genannt.

Um es zu wiederholen: Die vorliegende Betrachtung will in erster Linie Marx' Ansätze einer Staatstheorie aufzeigen und dann in zweiter Linie den Stellenwert der späteren Diskussion markieren. Sie erhebt hierbei nicht den Anspruch, diese neueren Staatstheorien materialistischer Prägung im Zusammenhang und im Detail darzustellen. Wesentlicher erschien die Zuordnung einzelner ihrer Elemente zu den Aussagen von Marx, um den Beziehungszusammenhang mit den verschiedenen Ansätzen seiner Staatstheorie aufzuzeigen. Wenn diese Ansätze in den Mittelpunkt der Untersuchung rücken und Marx selbst in möglichst vielen Zitaten zum Sprechen kommt, so geschieht dies im Sinne einer Propädeutik seiner Staatstheorie. Erst wenn die genannten Ansätze bei Marx klar erkannt werden, kann es gelingen, seine konzeptionellen Leitgedanken zu erfassen, nach denen spätere Arbeiten zu beurteilen sind. Dieser erste Schritt hin zu den Ansätzen von Marx' Staatstheorie ist wichtig. „Denn Marx ist", hier ist Miliband (1971, S. 3) zuzustimmen, „vom offiziellen Marxismus so stark vereinnahmt und sein Name ist von Freunden und Feinden so oft missbraucht worden, daß es sich lohnt, ihn – mehr als Nachfolger, Kritiker und Schüler – zu fragen, was er tatsächlich über den Staat gesagt oder gemeint hat."

„Wir sehen, daß bei Marx die später entscheidenden intellektuellen Charakterzüge schon in seiner frühen Jugend prägnant hervorgetreten sind: Gewaltig ist von Anfang an sein Drang nach universeller Aneignung und Verarbeitung der höchsten Wissensschätze der Epoche, unvergleichlich die kritische Einstellung, mit der er jedes Mal an das vorgefundene Gedankenmaterial herangeht. Dabei zeichnet ihn eine in der Geschichte des menschlichen Denkens äußerst seltene Entschiedenheit und Geradlinigkeit im Erfassen der zentral bedeutsamen Probleme aus, die er aus einem komplizierten, verworrenen, von den Vorgängern ungeklärt gelassenen Fragenkomplex herausarbeitet." Mit diesen Worten leitet Georg Lukács (1965, S. 5) seine Darstellung der Entwicklung des jungen Marx ein. Lukács bemüht sich in dieser Abhandlung – ähnlich wie Karl Korsch (1967) – um eine Wiederherstellung der ursprünglich historisch-dialektisch-revolutionären Basis der Theorie von Marx, und zwar vom philosophischen Ansatz her.[1] Nachgezeichnet wird der Prozess der Überwindung des Hegelianismus sowie Marx' Entwicklung vom Standpunkt der revolutionären Demokratie zum bewussten Sozialismus. Die Frühschriften von Marx also treten in den Mittelpunkt der Betrachtung; es ist die Thematik der menschlichen Emanzipation, der Entfremdung und der Kritik der National-ökonomie, es ist jene Thematik, aus der heraus Marx die Theorie des historischen Materialismus entwickelte. Grundtenor dieser Thematik bildet die Ideologiekritik an der bürgerlichen Gesellschaft mit allen ihren Erscheinungsformen. Und es ist diese Ideologiekritik, auf die neuere Untersuchungen immer wieder zurückgegriffen haben, wenn sie bei ihrer Betrachtung der bürgerlichen Verfassungen von den

---

1   Das, was Korsch und Lukács vom traditionell vernachlässigten philosophischen Ansatz her leisteten, versuchten von der ökonomischen Analyse her Fritz Sternberg und von der Kantschen Erkenntnistheorie her Max Adler. Hier die betreffenden Werke: Fritz Sternberg: Marx und die Gegenwart. Entwicklungstendenzen in der zweiten Hälfte des 20. Jahrhunderts. Köln 1955; Max Adler: Marx als Denker (1908), Berlin ²1925.

© Springer Fachmedien Wiesbaden GmbH, ein Teil von Springer Nature 2018
W. Röhrich, *Karl Marx und seine Staatstheorie*,
https://doi.org/10.1007/978-3-658-21482-1_2

Konstitutionsbedingungen des bürgerlichen Staates ausgingen. Nachfolgend sollen die zentralen Gesichtspunkte der Frühschriften von Marx (und Engels) dargelegt und in diesem Rahmen die neueren Aussagen einbezogen werden.

2.1   Die menschliche Emanzipation

Die erwähnten Konstitutionsbedingungen des bürgerlichen Staates zeigt Marx vor allem in seinem Artikel ‚Zur Judenfrage' (1844) auf. Es handelt sich hier um eine Replik auf zwei Schriften des Junghegelianers Bruno Bauer, der sich mit der Forderung der deutschen Juden nach staatsbürgerlicher Emanzipation auseinandersetzte. Diese aktuelle Problematik diente Marx als Ausgangspunkt einer allgemeinen Erörterung über religiöse, politische und menschliche Emanzipation. Mit Bruno Bauer lehnt Marx eine besondere Emanzipation der Juden, aber auch deren bloße Gleichstellung mit den Christen im sogenannten christlichen Staat mit seinen Privilegien ab. Im Unterschied zu Bauer hält er es aber für unzureichend, den religiösen Gegensatz zwischen Juden und Christen durch Wissenschaft aufzuheben. Die „Judenfrage" müsse in die allgemeine Frage aufgelöst werden: „Von *welcher Art von Emanzipation* handelt es sich? Welche Bedingungen sind im Wesen der verlangten Emanzipation begründet? Die Kritik der *politischen Emanzipation* selbst war erst die schließliche Kritik der Judenfrage und ihre wahre Auflösung in die *‚allgemeine Frage der Zeit'*." (MEW Bd. 1, S. 350)

Die Art der Emanzipation, um die es sich für Marx allein handeln kann, ist die menschliche Emanzipation, welche die bürgerlichen Revolutionen proklamierten. In ihnen erkennt Marx durchaus einen beachtlichen Fortschritt, auch in Bezug auf die politische Aufhebung privilegierter Religionen. Ihre Grenzen blieben aber unüberbrückbar genug: Der Mensch erhielt die Religionsfreiheit, wurde aber nicht von der Religion befreit; er erlangte Eigentums- und Gewerbefreiheit, blieb jedoch an das Eigentum und den Egoismus des Gewerbes gebunden. So erscheint „die Grenze der politischen Emanzipation sogleich darin, daß der Staat sich von einer Schranke befreien kann, ohne daß der Mensch *wirklich* von ihr frei wäre, daß der Staat ein *Freistaat* sein kann, ohne daß der Mensch *ein freier Mensch* wäre" (MEW Bd. 1, S. 353). Dementsprechend ist für Marx die politische Demokratie insoweit christlich, als in ihr „der Mensch, nicht nur ein Mensch, sondern jeder Mensch, als *souveränes*, als höchstes Wesen gilt, aber der Mensch (...), wie er durch die ganze Organisation unserer Gesellschaft verdorben ist, sich selbst verloren, veräußert, unter die Herrschaft unmenschlicher Verhältnisse und Elemente gegeben ist (...)" (MEW Bd. 1, S. 360). Mit anderen Worten, mit denen Leo Koflers, der sich bei seiner Ideologiekritik explizit auf diese Stelle bezieht: „Auf dem Boden der bürger-lich-demokratischen Verfassung, wie widerspruchsvoll sie sich auch im Einzelnen auswirken mag und von wem immer sie ursprünglich erkämpft worden sei (nämlich nicht vom Bürgertum), besteht die Schwierigkeit für die Herrschaft des Bürgertums darin, daß der Mensch einerseits mit erhabener Souveränität ausgestattet ist und so den Glorienschein der menschlichen Verwirklichung zuerkannt erhält, andererseits dieser Glorienschein nur als ornamentale Zutat, als ideologischer Bluff existiert und den entfremdeten Menschen in seiner Unmenschlichkeit unberührt läßt." (Kofler 1964, S. 113)

Entfremdet ist der Mensch schon deshalb, weil die tief greifenden gesellschaftli-chen Widersprüche auch in der politischen Demokratie weiterbestehen. So erkennt Marx in den Menschen- und Bürgerrechten der Französischen Revolution auch nur die rechtliche Garantie des bourgeoisen Privatinteresses. Er begreift diese Rechte als Produkt der revolutionären Auflösung der Feudalgesellschaft durch das Bürgertum. „Die alte bürgerliche Gesellschaft hatte *unmittelbar* einen *politischen* Charakter, das heißt, die Elemente des bürgerlichen Lebens, wie z. B. der Besitz oder die Familie oder die Art und Weise der Arbeit, waren in der Form der Grundherrlichkeit, des Standes und der Korporation zu Elementen des Staatslebens erhoben. Sie bestimmten in dieser Form das Verhältnis des einzelnen Individuums zum *Staatsganzen*, das heißt sein *politisches* Verhältnis (…)" (MEW Bd. 1, S. 367 f.) Waren also im Feudalismus die gesellschaftlichen und politischen Elemente aufs Engste verbunden, so trennte die Französische Revolution als politische Revolution die Sphäre der Gesellschaft von der Sphäre der Herrschaft. „Sie zerschlug die bürgerliche Gesellschaft in ihre einfachen Bestandteile (…) Sie entfesselte den politischen Geist, der gleichsam in die verschiedenen Sackgassen der feudalen Gesellschaft zerteilt, zerlegt, zerlaufen war; sie sammelte ihn aus dieser Zerstreuung, sie befreite ihn von seiner Vermischung mit dem bürgerlichen Leben und konstituierte ihn als die Sphäre des Gemeinwe-sens (…)" (MEW Bd. 1, S. 368) Von nun an stehen sich – so Marx – die Welt der gesellschaftlichen Arbeit und des bourgeoisen Privatinteresses auf der einen Seite und der Staat auf der anderen gegenüber.

Der bürgerliche Staat entstand also, nachdem das individuell-egoistische und das vergesellschaftende Seinsprinzip auseinandergefallen waren. Hierin zeigt sich die historische Genese der politischen Form bürgerlicher Gesellschaften, die in neueren Versuchen der „Staatsableitung" zu wenig berücksichtigt wird. Die bürgerliche Gesellschaft und ihr Staat entwickeln sich im historischen Prozess der Auflösung der alten Gesellschaft und bedingen sich in ihrer Herausbildung gegenseitig. In dieser Entwicklung wird der bürgerliche Staat zum historischen Ausdruck jener Gesellschaftsformationen, in denen sich das egoistische Prinzip im Bourgeois niederschlägt. So verbinde sich, so Dieter Läpple zu Recht (1973,

S. 51) „mit dem Auseinandertreten von Gesellschaft und Staat eine ‚Doppelung' der
Herrschaftsausübung: in eine direkte, ökonomische Form in der Produktionssphäre
und eine vermittelte, politische Form in der Zirkulationssphäre" bzw. – was den
Menschen betrifft – eine „Verdoppelung" der bürgerlichen Existenz als Bourgeois
einerseits und als Citoyen andererseits. Der Mensch führt ein doppeltes Leben:
„das Leben im *politischen Gemeinwesen*, worin er sich als *Gemeinwesen* gilt, und
das Leben in der *bürgerlichen Gesellschaft*, worin er als *Privatmensch* tätig ist,
die anderen Menschen als Mittel betrachtet, sich selbst zum Mittel herabwürdigt
und zum Spielball fremder Mächte wird" (MEW Bd. 1, S. 355). Im Gegensatz zum
abstrakten Staatsbürger, dem Citoyen, steht das egoistische Individuum in Gestalt
des Bourgeois. Dieser verkehrt den Staat als „Selbstzweck" zum „Mittel" seiner
Privatinteressen. So ist der Staat, in einer Formulierung der ‚Deutschen Ideologie',
weiter nichts „als die Form der Organisation, welche sich die Bourgeois sowohl
nach außen als nach innen hin zur gegenseitigen Garantie ihres Eigentums und
ihrer Interessen notwendig geben" (MEW Bd. 3, S. 62).

Die bereits politisch emanzipierte, das heißt bürgerliche Gesellschaft vermittelte
Marx die Einsicht, dass der politischen Emanzipation die soziale und vor allem
die menschliche folgen muss. Eine einseitige politische Gleichstellung beinhaltet
noch keine soziale Emanzipation. Diese traf für das Bürgertum zu, nicht hingegen für das Proletariat, ganz abgesehen davon, dass der Arbeiterschaft noch nicht
einmal eine politische Gleichstellung zukam. Aber auch die Bourgeoisie war nach
Marx nicht eigentlich emanzipiert. In den Ländern, in denen sie die herrschende
Klasse stellte, verfügte sie zwar über politische und ökonomische Freiheit, hatte
aber keineswegs die menschliche Emanzipation errungen. Denn nach Marx ist
der Zustand menschlicher Emanzipation nur dann zu erreichen, wenn der indi-
vidualistisch vereinsamte, nur seinem egoistischen Interesse folgende Mensch „in
seinen individuellen Verhältnissen *Gattungswesen* geworden ist" (MEW Bd. 1,
S. 370). Der volle Wortlaut dieser Aussage wird weiter unten erfolgen; hier genügt
es, den Egoismus der Bourgeoisie herauszustellen. Dieser ist durch die bürgerliche
Existenzweise bedingt. Da dem Bourgeois nicht der konkrete Mensch, sondern
die abstrakte Sache, nicht der konkrete Erzeuger, sondern das abstrakte Erzeugte,
nicht der konkrete Arbeiter, sondern die abstrakte Arbeit zum Bezugspunkt wird,
lebt er nach Marx sein Leben zu einem unmenschlichen Zweck.

Die politische Emanzipation bedeutet also noch lange nicht menschliche Emanzipation. Und diese Unterscheidung zu beachten, war für all jene notwendig, für die
damals die politische Emanzipation als das hohe Ziel galt. Vom allgemeinen und
gleichen Wahlrecht erwartete man bedeutsame Wirkungen. Man sah in der Umwandlung der „Untertanen" in „Staatsbürger" die Verwirklichung „unveräußerlicher
Menschenrechte". Dieser Neigung zur Verklärung musste die Entmenschlichung

der nur politisch emanzipierten Gesellschaft entgegengehalten werden. Sicherlich, auch die politische Emanzipation bedeutete für Marx einen „großen Fortschritt"; sie war „die letzte Form der menschlichen Emanzipation *innerhalb* der bisherigen Weltordnung" (MEW Bd. 1, S. 356). Aber diese Einsicht ist im Zusammenhang mit Marx' Betrachtung der Geschichte zu sehen: als Fortschritt auf dem Weg zur Vermenschlichung der Natur und der Vernatürlichung des Menschen. Sinn der Geschichte war für ihn die Menschwerdung, die Aneignung des menschlichen Gattungswesens durch den Menschen. In diesem Sinne endet dann auch der erste Teil seiner Abhandlung ‚Zur Judenfrage' mit der Deklaration, dass alle Emanzipation Zurückführung der menschlichen Welt auf den *Menschen selbst* sei. „Erst wenn der wirkliche individuelle Mensch den abstrakten Staatsbürger in sich zurücknimmt und als individueller Mensch in seinem empirischen Leben, in seiner individuellen Arbeit, in seinen individuellen Verhältnissen, *Gattungswesen* geworden ist, erst wenn der Mensch seine ‚forces propres' als *gesellschaftliche* Kräfte erkannt und organisiert hat und daher die gesellschaftliche Kraft nicht mehr in der Gestalt der *politischen* Kraft von sich trennt, erst dann ist die menschliche Emanzipation vollbracht." (MEW Bd. 1, S. 370)

2.2   Marx und Hegel

Marx' Forderung nach menschlicher Emanzipation leitet sich aus der Kenntnis der geschichtlichen Prinzipien ab, die er sich unter Hegels Anleitung aneignete. Im Zusammenhang mit seiner Hegelkritik soll dem Grundprinzip der Betrachtungsweise von Marx kurz nachgegangen werden. Auch in der ‚Kritik des Hegelschen Staatsrechts' (1843) steht der Gegensatz von „bürgerlicher Gesellschaft" und „Staat" im Mittelpunkt der Darlegung. Diese Unterscheidung geht auf Hegel selbst zurück:[2] Die bürgerliche Gesellschaft erscheint als das Resultat der modernen Revolution; bereits in § 182 von Hegels ‚Rechtsphilosophie', mit dem die Darstellung der bürgerlichen Gesellschaft beginnt, wird die Enttraditionalisierung der alten bürgerlichen Gesellschaft deutlich von der Sache her, dem vereinzelten Einzelnen, aufgezeigt. Man erkennt hier den Privatbürger der von ihrer politischen Verfassung emanzipierten Gesellschaften mit ihrem Utilitätsprinzip: „Die konkrete Person,

---

2 Eine beachtliche Position in der Forschung repräsentiert Manfred Riedel: Studien zu Hegels Rechtsphilosophie. Frankfurt a. M. 1969. Vor allem das Kapitel „Der Begriff der ‚Bürgerlichen Gesellschaft' und das Problem seines geschichtlichen Ursprungs" ist in diesem Zusammenhang wichtig.

welche sich als *besondere* Zweck ist, als ein Ganzes von Bedürfnissen und eine
Vermischung von Naturnotwendigkeit und Willkür, ist das *eine Prinzip* der bürgerlichen Gesellschaft, – aber die besondere Person als wesentlich in *Beziehung* auf
andere solche Besonderheit, so daß jede durch die andere und zugleich schlechthin nur als durch die Form der *Allgemeinheit, das andere Prinzip, vermittelt* sich
geltend macht und befriedigt." (Hegel Bd. 7, S. 339) Wesentlich ist die Entstehung
eines eigenständigen Beziehungsgeflechts zwischen den Individuen, welches auf
dem individuellen Interesse basiert. Es sind zwei Prinzipien der bürgerlichen
Gesellschaft, die „ein System allseitiger Abhängigkeit" bewirken, wie es in § 183
heißt. Diese zwei Prinzipien sind der „selbstsüchtige Zweck in seiner Verwirklichung" und die Bedingung seiner Wirksamkeit, die „Allgemeinheit". Und das
„System allseitiger Abhängigkeit" wird dadurch belegt, „daß die Subsistenz und
das Wohl des Einzelnen und sein rechtliches Dasein in die Subsistenz, das Wohl
und Recht aller verflochten, darauf gegründet und nur in diesem Zusammenhang
wirklich und gesichert ist" (Hegel Bd. 7, S. 340). Wenn man die Aussage von § 183
im Zusammenhang mit § 187 betrachtet, dann wird das Wesen der bürgerlichen
Gesellschaft deutlich. „Die Individuen", so die ersten beiden Sätze von § 187, „sind
als Bürger dieses Staates *Privatpersonen*, die ihr eigenes Interesse zu ihrem Zweck
haben. Da dieser durch das Allgemeine vermittelt ist, das ihnen somit als *Mittel
erscheint*, so kann er von ihnen nur erreicht werden, insofern sie selbst ihr Wissen,
Wollen und Tun auf allgemeine Weise bestimmen und sich zu einem Gliede der
Kette dieses Zusammenhangs machen." (Hegel Bd. 7, S. 343) Mit Recht hat Manfred
Riedel hierzu vermerkt: „Die Utilitätsprinzipien der schon früher emanzipierten
westeuropäischen Gesellschaft und ihr Wirtschaftsmodell bei Mandeville und
Smith, das intérêt personele Diderots und Helvetius', das selfinterest Benthams
und Franklins, erscheinen mit diesen Sätzen in deutsch-philosophischer Form."
(Riedel 1969, S. 157 f.)

Mit dem System allseitiger Abhängigkeit bildet sich nach Hegel die moderne
Gesellschaft heraus, das heißt ein Beziehungsgeflecht zwischen den Privatpersonen,
welches vom Staat unterschieden und auf der Basis von Bedürfnis und Arbeit er-
wachsen ist. Interessant ist hierbei die innere Gliederung der modernen Gesellschaft
durch das „System der Bedürfnisse" (§§ 189-208), das durch die „Rechtspflege"
(§§ 209-229) reguliert und organisiert sowie durch „Polizei und Korporation"
(§§ 230 bis 256) politisch-sittlich in den Staat integriert wird. Die rechtlich, sittlich
und politisch geordnete und zusammengehaltene bürgerliche Gesellschaft ist von
der Sache her als die „Differenz" zwischen Staat und Familie bestimmt: „Die bürgerliche Gesellschaft", so heißt es im „Zusatz" zu § 182, „ist die Differenz, welche
zwischen die Familie und den Staat tritt, wenn auch die Ausbildung derselben später
als die des Staates erfolgt; denn als die Differenz setzt sie den Staat voraus, den sie

als Selbständiges vor sich haben muß, um zu bestehen." (Hegel Bd. 7, S. 339) In der vollzogenen Differenz zwischen bürgerlicher Gesellschaft und Staat bzw. Familie und bürgerlicher Gesellschaft erblickt Hegel die Emanzipation des Staats von der Gesellschaft und der Gesellschaft vom Staat, die sich beide erst damit in ihr wahres Verhältnis setzen.

Im Zusammenhang mit dem letzten Hegel-Zitat lässt sich bereits Marx' Kritik aufzeigen. Marx erhebt gegen Hegel den Vorwurf, dass er im Gegensatz zur empirischen Entwicklung Familie und bürgerliche Gesellschaft nicht als die Voraussetzungen des Staates, sondern umgekehrt Familie und bürgerliche Gesellschaft als vom Staat gesetzt betrachte. Man müsse demgegenüber von Familie und bürgerlicher Gesellschaft als den wirklichen Daseinsweisen des Staates ausgehen. Hierbei zeige sich, dass Familie und bürgerliche Gesellschaft „sich selbst zum Staat" machen und nicht umgekehrt die Staatsgeschäfte „zu besonderen Personen kommen". Diese Argumentation ist vor allem deshalb wesentlich, weil sich am Beispiel des Verhältnisses zwischen Staat und bürgerlicher Gesellschaft die Kritik von Marx am zentralen Glied der Hegelschen Dialektik konkretisieren lässt; gemeint ist die „Vermittlung" realer Extreme.

Insbesondere wendet sich Marx hierbei gegen Hegels Aussage in § 261 der „Rechtsphilosophie", in dem Hegel das Verhältnis zwischen den Sphären der Familie und der bürgerlichen Gesellschaft als äußere, aber auch als innere Abhängigkeit vom „bestimmten Charakter des Staats" fasst. Familie und bürgerliche Gesellschaft, so folgert Marx, sind also „Begriffssphären des Staates", denn es ist der Staat als Geist, der sich in diese besonderen, endlichen Sphären scheidet, und zwar, um in sich zurückzukehren. Nach Hegel teilt die Idee, der Geist, diesen Sphären auch das „Material seiner endlichen Wirklichkeit" zu, das heißt die Geschäfte des Staates. Marx stellt dem entgegen, dass das Staatsmaterial unter die einzelnen Staatsbürger, als Familienmitglieder und Glieder der bürgerlichen Gesellschaft, durch die „Umstände, die Willkür und die eigene Wahl der Bestimmung" verteilt sei. Familie und bürgerliche Gesellschaft sind für Marx „wirkliche Staatsteile, wirkliche geistige Existenzen des Willens, sie sind Daseinsweisen des Staates; Familie und bürgerliche Gesellschaft machen *sich selbst* zum Staat. Sie sind das Treibende" (MEW Bd. 1, S. 207). Nach Hegel sei es dagegen nicht „ihr eigener Lebenslauf, der sie zum Staat vereint", es sei vielmehr „der Lebenslauf der Idee, der sie von sich distanziert hat"; und indem Hegel das Bestehende des Staates als eine „Tat der Idee, als eine ,Verteilung', die sie mit ihrem eigenen Material vornimmt", hinstelle, würden die wirklichen Subjekte zu *unwirklichen*. Hierin sieht Marx das „ganze Mysterium der Rechtsphilosophie niedergelegt und der Hegelschen Philosophie überhaupt" (MEW Bd. 1, S. 207 f.).

Marx' Hegelkritik zeigt sich vor allem in folgender Aussage: „Wichtig ist, daß Hegel überall die Idee zum Subjekt macht und das eigentliche, wirkliche Subjekt, wie die ‚politische Gesinnung', zum Prädikat." (MEW Bd. 1, S. 209) Hegel wird dabei zu Recht zur Last gelegt, dass er sein Denken „nicht aus dem Gegenstand" entwickele, „sondern den Gegenstand nach einem (…) mit sich fertig gewordenen Denken" (MEW Bd. 1, S. 213). Hegel erhebe also die Idee oder Substanz zum Subjekt konkreter Bestimmungen. Nicht die Logik der Sache, sondern die Sache der Logik sei für Hegel das philosophische Moment. Der Staat diene ihm daher zum Beweis der Logik und nicht die Logik zum Beweis des Staates. Dasselbe gelte für die Staatsverfassung: „Es handelt sich nicht darum, die bestimmte Idee der politischen Verfassung zu entwickeln, sondern es handelt sich darum, der politischen Verfassung ein Verhältnis zur abstrakten Idee zu geben, sie als ein Glied ihrer Lebensgeschichte (der Idee) zu rangieren, eine offenbare Mystifikation." (MEW Bd. 1, S. 213) In gleicher Weise setzt sich Marx mit § 279 auseinander, in dem Hegel die Notwendigkeit des Monarchen demonstriert. Marx verweist hierbei auf die idealistische Mystifikation, durch die eine reaktionäre Institution legitimiert wird.

Immer wieder verweist Marx darauf, dass Hegel einerseits die Trennung von bürgerlicher Gesellschaft und politischem Staat offen ausspreche und als „Widerspruch" empfinde, andererseits aber die Trennung als ein „notwendiges Moment der Idee" betrachte. Demzufolge fasse er den Widerspruch zwischen Staat und bürgerlicher Gesellschaft als eine rein äußere Erscheinung, nicht als die „Erscheinung des Wesens" auf. Anstatt die Extreme in ihrer Unversöhnlichkeit manifest zu machen, suche Hegel sie begrifflich zu vermitteln, indem er beispielsweise durch die politische Konstitution der bürgerlichen Stände die Trennung zwischen politischem Staat und bürgerlicher Gesellschaft in einer höheren „Einheit" aufzuheben bestrebt sei. Marx geht ausführlich auf diese „Stände" ein, die in Hegels System den Zweck erfüllen, den eigenen Willen der bürgerlichen Gesellschaft „in Beziehung auf den Staat zur Existenz" zu bringen (Hegel Bd. 7, S. 471). An dieser Bestimmung setzt Marx seine Kritik an: „Die Stände sind *Synthese zwischen Staat und bürgerlicher Gesellschaft*. Wie die Stände es aber anfangen sollen, zwei widersprechende Gesinnungen in sich zu vereinen, ist nicht angegeben." (MEW Bd. 1, S. 270) Hegel selbst fasse die Stände der bürgerlichen Gesellschaft ja als *Privatstände* auf. Als solche komme ihnen aber keine politische Bedeutung zu. Der Privatstand könne „nur nach dem Ständeunterschied der bürgerlichen Gesellschaft in die politische Sphäre treten" (MEW Bd. 1, S. 275); dann bedeuteten diese Stände aber einen Dualismus im Staat, seien sie ein „Staat im Staate".

Diese Auffassung Hegels hält Marx für insgesamt widerspruchsvoll. Er unterstreicht den Unterschied zwischen den mittelalterlichen und den modernen Ständen.

Im Mittelalter waren „die *Stände der bürgerlichen Gesellschaft* überhaupt und die *Stände in politischer Bedeutung* identisch" (MEW Bd. 1, S. 275). Inzwischen sei die historische Entwicklung jedoch fortgeschritten. Bereits in der absoluten Monarchie sei diese Identität erschüttert worden; und schließlich habe die Französische Revolution „die Verwandlung der *politischen* Stände in *soziale*" abgeschlossen, sie machte Marx zufolge die Ständeunterschiede der bürgerlichen Gesellschaft „zu nur *sozialen* Unterschieden, zu Unterschieden des Privatlebens, welche in dem politischen Leben ohne Bedeutung sind. Die Trennung des politischen Lebens und der bürgerlichen Gesellschaft war damit vollendet" (MEW Bd. 1, S. 284).

Hegel hatte diese Trennung auch gesehen, blieb aber Marx zufolge in Widersprüchen verhaftet. Da er „*keine* Trennung des *bürgerlichen und politischen* Lebens" wolle, vergesse er den von ihm statuierten Gegensatz, mache er die „bürgerlichen Stände als solche zu politischen Ständen, aber wieder nur nach der Seite der gesetzgebenden Gewalt hin, so daß ihre Wirksamkeit selbst der Beweis der Trennung ist" (MEW Bd. 1, S. 277). Marx erkennt Hegels Fehler darin, dass er eine alte Weltanschauung im Sinne einer neuen zu interpretieren unternehme, wodurch ein Komplex absurder Widersprüche entstehe. Die logischen Ungereimtheiten sind für Marx nicht zu übersehen: Hegel macht „das *ständische Element* zum Ausdruck der *Trennung*, aber zugleich soll es der Repräsentant einer Identität sein, die nicht vorhanden ist. Hegel weiß die Trennung der bürgerlichen Gesellschaft und des politischen Staats, aber er will, daß innerhalb des Staats die Einheit desselben ausgedrückt sei, und zwar soll dies dergestalt bewerkstelligt werden, daß die Stände der bürgerlichen Gesellschaft zugleich als solche das *ständische* Element der gesetzgebenden Gesellschaft bilden" (MEW Bd. 1, S. 277).

Für Georg Lukács (1965, S. 32) zeigt sich an dieser Stelle der unversöhnliche Gegensatz zwischen Hegel und Marx. Während bei Hegel die Stände sich als volle Realität der modernen Staatsentwicklung darstellen, bedeuten sie für Marx allein deren ersten Anfang: „Nach Hegel repräsentieren sie eine Synthese zwischen Staat und bürgerlicher Gesellschaft – und sei es selbst um den Preis einer logisch unhaltbaren Konstruktion, die nur durch den Mystizismus der idealistischen Dialektik scheinbar verdeckt wird; nach Marx sind sie der gesetzte Widerspruch zwischen Staat und bürgerlicher Gesellschaft. So ist die Gesamtauffassung Hegels eine konservative, die von Marx eine oppositionelle, revolutionäre."

Abschließend lässt sich sagen: Verweist Marx zum einen auf die logischen Widersprüche in der Hegelschen Konzeption, so erhebt er zum anderen mit Feuerbach gegen Hegel den Vorwurf, dieser begehe so etwas wie eine Vertauschung von Subjekt und Prädikat. So erscheine das Subjekt, nämlich der *wirkliche Mensch* mit seinen Interessen usw., bei Hegel als das bloße Prädikat des „Geistes" oder gar als das Prädikat eines seiner Prädikate. Der wirkliche Mensch ist es dann auch, den Marx im Zusammenhang mit der Stände-Problematik in Betracht zieht. Marx stellt hier das Charakteristikum heraus, „daß die *Besitzlosigkeit* und der *Stand der unmittelbaren Arbeit*, der konkreten Arbeit, weniger einen Stand der bürgerlichen Gesellschaft als den Boden bilden, auf dem ihre Kreise ruhen und sich bewegen" (MEW Bd. 1, S. 284). Es folgt der Vergleich zwischen der mittelalterlichen Ständeordnung und der modernen Form der „sozialen Stände": Das Mittelalter ist für Marx „die *Tiergeschichte* der Menschheit, ihre Zoologie". Die moderne bürgerliche Zivilisation hingegen begeht den umgekehrten Fehler: „Sie trennt das *gegenständliche* Wesen des Menschen als ein nur äußerliches, materielles von ihm. Sie nimmt nicht den Inhalt des Menschen als seine wahre Wirklichkeit." (MEW Bd. 1, S. 285) Dazu gehört auch, dass die bürgerliche Zivilisation nicht – wie noch die mittelalterliche Ständeordnung – „als ein Gemeinwesen das Individuum hält", sondern es zumeist dem Zufall überlässt, „ob es sich in seinem Stande hält oder nicht" (MEW Bd. 1, S. 284). An dieser Stelle wechselt bei Marx die Kritik des Hegelschen Staatsrechts in die Kritik der Politischen Ökonomie über.

2.3   Zur Kritik der Nationalökonomie

Eine Kritik der Politischen Ökonomie beinhalten Engels' ‚Umrisse zu einer Kritik der Nationalökonomie', welche die soziale Wirklichkeit des Kapitalismus und damit indirekt auch die des bürgerlichen Staates skizzieren. In diesen ‚Umrissen', die Marx einmal eine „geniale Skizze zur Kritik der ökonomischen Kategorien" nannte (MEW Bd. 13, S. 10), findet sich eine Kampfansage an das „System des Privateigentums" und seine nationalökonomischen Apologeten. Unter ihnen sei es namentlich Adam Smith, der den Spielraum des Eigennutzes von jeglichen Hemmungen befreit habe. Die wichtige Figur in Smiths Modell ist bekanntlich der homo oeconomicus: der Mensch, der rational nach seinem wirtschaftlichen Vorteil strebt. Und Engels mag bei seinem Vorwurf der „Heuchelei" an Smiths markante Aussage gedacht haben, der fast immer auf Hilfe angewiesene Mensch könne kaum erwarten, diese allein durch das Wohlwollen der Mitmenschen zu erlangen. Um sein Ziel zu erreichen, müsse er vielmehr der Mitmenschen Eigenliebe zu nutzen verstehen und ihnen zeigen, dass es in ihrem eigenen Interesse liege, das von ihm Gewünschte zu tun: „Jeder, der einem anderen irgendeinen Tausch anbietet, schlägt vor: Gib mir, was ich wünsche, und du bekommst, was du benötigst. Das ist stets der Sinn eines solchen Angebotes, und auf diese Weise erhalten wir nahezu alle guten Dienste, auf die wir angewiesen sind. Nicht vom Wohlwollen des Metzgers, Brauers und Bäckers erwarten wir das, was wir zum Essen brauchen, sondern davon, daß sie ihre eigenen Interessen wahrnehmen. Wir wenden uns nicht an ihre Menschen-, sondern an ihre Eigenliebe, und wir erwähnen nicht die eigenen Bedürfnisse, sondern sprechen von ihrem Vorteil." (1974, S. 17) So viel zu Adam Smith als Apologeten des Systems des Privateigentums.

Engels bringt immer neue Beweise dafür, „zu welcher tiefen Degradation das Privateigentum den Menschen gebracht hat" (MEW Bd. 1, S. 523). Seine Kritik nimmt ihre Maßstäbe vom Inbegriff des Natürlichen und vor allem Sittlichen. So brandmarkt Engels die „Unsittlichkeit des Zinsverleihens, des Empfangens ohne Arbeit, für das bloße Borgen"; diese Unsittlichkeit sei „zu augenscheinlich und vom unbefangenen Volksbewußtsein, das in diesen Dingen meistens recht hat, längst erkannt" (MEW Bd. 1, S. 511).

Engels' ‚Kritik der Nationalökonomie' weist zwei weitere Punkte auf: Die Malthussche Bevölkerungstheorie, „das „rauhste barbarischste System, das je existierte, ein System der Verzweiflung, das alle jene schönen Redensarten von Menschenliebe und Weltbürgertum zu Boden schlug" – ergänzt durch das „Fabriksystem und die moderne Sklaverei, die der alten nichts nachgibt an Unmenschlichkeit und Grausamkeit" (MEW Bd. 1, S. 501).

Der zweite Kritikpunkt betrifft das Spekulantentum, das immer mit Unglücksfällen, besonders mit Missernten rechne. Der Kulminationspunkt der Unsittlichkeit sei „die Börsenspekulation in Fonds, wodurch die Geschichte und in ihr die Menschheit zum Mittel herabgesetzt" werde, „um die Habgier des kalkulierenden oder hasardierenden Spekulanten" zu befriedigen (MEW Bd. 1, S. 515).

Insgesamt erscheint Engels das kapitalistische Privateigentum als ein einziger großer Verrat am menschlichen Gattungswesen. Es hat „den Menschen zu einer Ware gemacht, deren Erzeugung und Vernichtung auch nur von der Nachfrage abhängt" (MEW Bd. 1, S. 520). Damit ist bereits in dieser Frühschrift Engels die Warengesellschaft angesprochen, die im dritten Teil dieser Untersuchung explizit im Zusammenhang mit jenen neueren Untersuchungen behandelt wird, von denen hier nur zwei Repräsentanten zitiert werden. So verweist Leo Kofler (1964, S. 51) auf das alle Individuen einbeziehende – wenn auch gleichzeitig nur formale – Prinzip der individuellen Freiheit, das seinerseits eine unvermeidliche Begleiterscheinung der kapitalistischen Warenstruktur darstelle. In der kapitalistischen Warengesellschaft erscheine jedes Individuum gesellschaftlich als Besitzer von Waren jeglicher Art, einschließlich der Ware Arbeitskraft. Indem der einzelne seine Ware in formaler Autonomie als Freier und Gleicher austausche, sei er freier und gleicher Vertragspartner. Diese im bürgerlichen Recht festgeschriebene formelle Freiheit und Gleichheit wird – so Leo Kofler – „zur Grundlage der Entfaltung des gesamten gesellschaftlichen Lebens, wenngleich nicht im luftleeren Raum, sondern auf dem Boden der kapitalistischen Eigentums- und Klassenverhältnisse, durch die gleichzeitig die Freiheit in Abhängigkeit und die formelle Gleichheit in Ungleichheit umschlagen". (Ebd.) Der Hinweis auf das bürgerliche Recht schließt die besondere Existenz des Staates ein. „Stellt sich", so Dieter Läpple (1973, S. 45), „durch die eigentümliche Gesellschaftlichkeit der Arbeit unter kapitalistischen Produktionsbedingungen der gesellschaftliche Zusammenhang der vereinzelten Warenproduzenten nur über den Austausch ihrer Waren dar, nimmt also dieses gesellschaftliche Verhältnis für sie die Form eines ihnen äußerlichen Verhältnisses von Sachen an, so kann sich dieses Verhältnis wiederum nur herstellen, indem der Staat, als eine besondere Existenz neben und außer der bürgerlichen Gesellschaft, die *allgemeinen äußeren Bedingungen der kapitalistischen Produktionsweise* herstellt und ihre Durchsetzung garantiert."

2.4   Die entfremdete Arbeit

Das von Engels kritisch herausgestellte Privateigentum verweist bei Marx auf das System der Entfremdung des Menschen. Aus der individualistischen Warenproduktion „resultiert gleichzeitig, durch einen widerspruchsvollen Vorgang vermittelt, jener differenzierte und nicht ohne weiteres durchschaubare Prozeß, der sich unter dem Begriff der Entfremdung subsumieren läßt", so Leo Kofler (1964, S. 51). Das Phänomen der Entfremdung erscheint als eine komplexe Idee, die in Marx' Gesellschafts- und Staatskritik von den Jugendschriften bis zum ‚Kapital' eine zentrale Rolle spielt. Es bildet das Hauptthema der 1844 verfassten ‚Ökonomisch-philosophischen Manuskripte' (Pariser Manuskripte), die eine erste kritische Analyse der kapitalistischen Produktionsweise, von Privateigentum und Lohnarbeit, in vorwiegend anthropologischen Begriffen darstellen. Von dem Lukács-Schüler István Mészáros (1973) wurde sogar die Wertung vertreten, die ‚Pariser Manuskripte' beinhalteten bereits keimhaft Marx' gesamtes Gedankensystem.

In den ‚Pariser Manuskripten' sucht Marx den bedeutsamen Zusammenhang zwischen dem Privateigentum, der Habsucht, der Trennung von Arbeit, Kapital und Grundeigentum, von Austausch und Konkurrenz, von Wert und Entwertung der Menschen, von Monopol und Konkurrenz usw., „von dieser ganzen Entfremdung mit dem *Geld*system zu begreifen" (MEW Bd. 40, S. 511). Dabei steht das Geldsystem stellvertretend für die kapitalistische Wirtschaft. In ihr werden alle Produkte zu Waren, deren Wert sich in Geld ausgedrückt findet. Wie schon von Engels betont, wird auch der Mensch zur Ware; die Nationalökonomie beinhaltet die Deklarationen, „daß der Arbeiter zur Ware und zur elendesten Ware herabsinkt, daß das Elend des Arbeiters im umgekehrten Verhältnis zur Macht und zur Größe seiner

Produktion steht, daß das notwendige Resultat der Konkurrenz die Akkumulation des Kapitals in wenigen Händen, also die fürchterlichere Wiederherstellung des Monopols ist, daß endlich der Unterschied von Kapitalist und Grundrentner wie von Ackerbauer und Manufakturarbeiter verschwindet und die ganze Gesellschaft in die beiden Klassen der *Eigentümer* und eigentumslosen *Arbeiter* zerfallen muß" (MEW Bd. 40, S. 510). Diesem ganzen Komplex liegt nach Marx das Wesensverhältnis der entfremdeten Arbeit zugrunde.

Von dieser Einsicht geht nun Marx in seinen weiteren Betrachtungen aus. Er zeigt, wie die Arbeit im Kapitalismus den Arbeiter vom Produkt seiner Arbeit entfremdet, wie sie den Arbeiter von der Arbeit entäußert, wie sie den Menschen sich selbst und wie sie die Menschen untereinander entfremdet. Da der Mensch die Arbeit unter kapitalistischen Bedingungen – als „Zwangsarbeit" – nicht bejahen kann, weil sie nicht die Befriedigung eines Bedürfnisses ist, sondern nur ein *Mittel*, um Bedürfnisse außer ihr zu befriedigen, fühlt sich der Mensch allein in seinen tierischen Funktionen (Essen, Trinken, Zeugen usw.) als freitätig und in seinen menschlichen Funktionen – in der Arbeit – allein als Tier. „Das Tierische wird das Menschliche und das Menschliche das Tierische." (MEW Bd. 40, S. 514 f.)

Marx' Schilderung der entfremdeten Arbeit soll etwas genauer aufgezeigt werden, wobei weitgehend Hegels Betrachtung der Arbeit als Entäußerung und Aneignung ausgeklammert wird, an der Marx seine Anthropologie – polemisch – entwickelte. Nur ein Hinweis sei in diesem Zusammenhang angeführt: der auf das Herrschafts-Knechtschafts-Verhältnis bei Hegel und Marx. Hegel schreibt in § 243 seiner ‚Grundlinien der Philosophie des Rechts': „Durch die *Verallgemeinerung* des Zusammenhangs der Menschen durch ihre Bedürfnisse und der Weisen, die Mittel für diese zu bereiten und herbeizubringen, vermehrt sich die *Anhäufung der Reichtümer* – denn aus dieser gedoppelten Allgemeinheit wird der größte Gewinn gezogen – auf der einen Seite, wie auf der andern Seite die *Vereinzelung* und *Beschränktheit* der besonderen Arbeit und damit die *Abhängigkeit* und *Not* der an diese Arbeit gebundenen Klasse, womit die Unfähigkeit der Empfindung und des Genusses der weiteren Freiheiten und besonders der geistigen Vorteile der bürgerlichen Gesellschaft zusammenhängt." (Hegel Bd. 7, S. 389) Die Folgen der Arbeitsteilung, die hier angesprochen werden, nehmen zweifellos Einsichten von Marx vorweg. Hinzuzufügen sind mehrere verstreute Hinweise Hegels auf die Abhängigkeit des Einzelnen von der Gesellschaft, die durch die Teilung der Arbeit vermehrt werde, Andeutungen darüber, dass die unmittelbare Arbeit zwar produktiver, die Tätigkeit des Arbeiters aber „beschränkter" werde. Und schließlich begegnet man bei Hegel der resignierenden Feststellung, „daß bei dem Übermaße des Reichtums die bürgerliche Gesellschaft *nicht reich genug* ist, das heißt an dem ihr eigentümlichen Vermögen nicht genug besitzt, dem Übermaße der Armut und der Erzeugung des Pöbels zu steuern" (Hegel Bd. 7, S. 390). Doch man lasse sich nicht täuschen; Hegel identifiziert den Gegensatz von Reich und Arm nicht mit dem menschlichen Herrschafts-Knechtschafts-Verhältnis. Und noch wesentlicher ist die auf Hegels Anthropologie gegründete Meinung, die Arbeit brauche nicht immer in der ihr ursprünglich eigentümlichen Abhängigkeit verrichtet zu werden: Die Voraussetzung für ihre Befreiung sei eben die Vergeistigung des Menschen – eine Vergeistigung, die Marx als imaginär verurteilt.

An die Stelle der Entwicklung des Menschen zum selbstbewussten Geistwesen mithilfe der Arbeit treten bei Marx der konkret-sinnliche Mensch und die Selbstentfremdung des Menschen in der (Lohn-)Arbeit. So steht bei Marx hinter dem Phänomen der entfremdeten Arbeit ein bestimmtes Verhältnis von „Herr und Knecht", das dann auch dem denkenden wie dem naiven Geist die Probleme stellt.[3] Es ist eine bestimmte Art der „Fremdheit" zwischen den Personen, die durch das Kapitalverhältnis verbunden sind. In diesem Sinne schreibt Marx in den ‚Manuskripten' von 1844: „Wenn das Produkt der Arbeit nicht dem Arbeiter gehört, eine fremde Macht ihm gegenüber ist, so ist dies nur dadurch möglich, daß es einem *andern Menschen außer dem Arbeiter* gehört." (MEW Bd. 40, S. 519) Wenn sich also der Arbeiter zum Produkt seiner Arbeit als einem „*fremden, feindlichen*, mächtigen, von ihm unabhängigen Gegenstand" verhalte, so gründe dies darauf, dass ein ihm fremder, feindlicher, mächtiger Mensch der Herr dieses Gegenstandes sei; wenn er sich zu seiner eigenen Tätigkeit als einer unfreien verhalte, so weil er diese im Dienste und unter der Herrschaft eines anderen Menschen ausübe (ebd.).

Nach dieser Vorklärung kann sich die Darstellung der Entfremdungstheorie im Einzelnen zuwenden. Hierbei zeigt sich nochmals ein Gedanke von Hegel, der hinter Marx' Beschreibung steht. Es ist dies die Auffassung von der Vermenschlichung des Menschen durch die schöpferische Umgestaltung der vorgefundenen Natur in der Arbeit. Einmal ungeachtet des von Hegel gesetzten spekulativen Rahmens in Bezug auf das menschliche Geistwesen, erscheint der Mensch bei Hegel und Marx als das sich in der Arbeit bewährende Wesen. Erst in der Arbeit und durch die Arbeit „bewährt" nach Hegel und Marx der Mensch seine Naturüberlegenheit, das heißt

---

3   Leo Kofler (1964, S. 38) zufolge ist das Verhältnis zwischen dem naiven praktischen und dem theoretischen Denken das der ununterbrochenen Koordination, die ihrerseits durch dieselben Erfahrungsgrundlagen in einer bestimmten Epoche ermöglicht wird. „Deshalb konnte Marx mit gutem Recht sagen, daß für gewöhnlich das herrschende Denken das Denken der Herrschenden ist. Denn es ist das konkrete Verhältnis von ‚Herr und Knecht' einer bestimmten Zeit, das dem denkenden wie dem naiven Geist die Probleme stellt, und es ist ebenso sicher, daß sie zumeist, wenn auch in einer oft subtilen und komplizierten Weise, im Sinne des Herrn ‚gelöst' werden. Diese Lösungen bilden dann insgesamt das Bewußtsein einer bestimmten antagonistischen Gesellschaft."

seine Menschlichkeit. Dieser Vorgang stellt die „Vergegenständlichung" dar, die proportional zur Naturbewältigung wächst. Gerade diese Vergegenständlichung wird nun aber bei Marx zu einer „Entfremdung", die sich in vier Formen äußert. Die erste Form der Entfremdung ist die des Arbeiters vom Produkt seiner Arbeit. Sie besagt, dass sich das Produkt ihm gegenüber als ein „fremder Gegenstand" verhält: „Je mehr der Arbeiter sich ausarbeitet, um so mächtiger wird die fremde, gegenständliche Welt, die er sich gegenüber schafft, um so ärmer wird er selbst, seine innere Welt, um so weniger gehört ihm zu eigen." (MEW Bd. 40, S. 512)

Die Entfremdung des Arbeiters vom Produkt seiner Arbeit bedeutet zugleich eine Entfremdung des Arbeiters von seiner *Arbeit*. Denn „das Produkt ist ja nur das Resümee der Tätigkeit, der Produktion. Wenn also das Produkt der Arbeit die Entäußerung ist, so muss die Produktion selbst die tätige Entäußerung, die Entäußerung der Tätigkeit, die Tätigkeit der Entäußerung sein. In der Entfremdung des Gegenstandes der Arbeit resümiert sich nur die Entfremdung, die Entäußerung in der Tätigkeit der Arbeit selbst." (MEW Bd. 40, S. 514) Die Entfremdung von der produktiven Tätigkeit verhindert wiederum, dass die Arbeit eine Wesensäußerung des Menschen ist; der Arbeiter fühlt sich in seiner Arbeit nicht bejaht, sondern verneint, nicht wohl, sondern unglücklich. Daher ist die Arbeit auch nicht, was sie nach Marx sein müsste: „die Befriedigung eines Bedürfnisses"; sie ist vielmehr „nur ein *Mittel*, um Bedürfnisse außer ihr zu befriedigen" (MEW Bd. 40, S. 514).

Daraus folgt, dass sich das Lebensinteresse des Arbeiters umkehrt, dass es sich – um einen modernen Terminus zu gebrauchen – auf die Sphäre des Konsums verlagert, kurz, dass sich der Arbeiter „erst außer der Arbeit bei sich und in der Arbeit außer sich" fühlt: „Zu Hause ist er, wenn er nicht arbeitet, und wenn er arbeitet, ist er nicht zu Haus." (MEW Bd. 40, S. 514) Das Leben in der entfremdeten Arbeit erscheint also „nur als *Lebensmittel*" (ebd., S. 516). Die Tätigkeit des Arbeiters ist nicht seine Selbsttätigkeit, sie gehört einem andern, „sie ist der Verlust seiner selbst" (MEW Bd. 40, S. 514). Hierin zeigt sich die *Selbstentfremdung* des Menschen. Ihre Bedeutung erschließt sich, wenn man sich an die erwähnte Vergegenständlichung des menschlichen Wesens erinnert und eine spätere Passage der ‚Pariser Manuskripte' zu Hilfe nimmt. „Der Mensch", so heißt es dort, „eignet sich sein allseitiges Wesen auf eine allseitige Art an, also als ein totaler Mensch. Jedes seiner menschlichen Verhältnisse zur Welt, Sehen, Hören, Riechen, Schmecken, Fühlen, Denken, Anschauen, Empfinden, Wollen, Tätigsein, Lieben, kurz, alle Organe seiner Individualität, wie die Organe, welche unmittelbar in ihrer Form als gemeinschaftliche Organe sind, sind in ihrem *gegenständlichen* Verhalten oder in ihrem *Verhalten zum Gegenstand* die Aneignung desselben." (MEW Bd. 40, S. 539)

Als eine letzte Konsequenz der Entfremdung des Menschen von seinem Produkt, von seiner Lebenstätigkeit und von sich selbst nennt Marx schließlich die

Entfremdung des Menschen von anderen Menschen. Dass der Mensch seinem Gattungswesen entfremdet ist, heißt, „daß ein Mensch dem andern, wie jeder von ihnen dem menschlichen Wesen entfremdet ist" (MEW Bd. 40, S. 518). Die Entfremdung des Menschen, die in der entfremdeten Arbeit ihren Ursprung hat, zeigt hierin ihre volle Auswirkung. Die Entfremdung des Verhältnisses *zwischen den Menschen* macht all das zunichte, was die „menschliche Vergesellschaftung" kennzeichnet. Menschlich ist für Marx die Vergesellschaftung, wenn ein Mensch dem anderen als Mensch um seiner selbst willen zum Bedürfnis geworden ist, was am eindrucksvollsten am Verhältnis der Geschlechter aufgezeigt wird: „Aus dem Charakter dieses Verhältnisses folgt, inwieweit der *Mensch* als *Gattungswesen*, als *Mensch* sich geworden ist und erfaßt hat (…), inwieweit er in seinem individuellsten Dasein zugleich Gemeinwesen ist." (MEW Bd. 40, S. 535)

Die beschriebene Entfremdung verlangt nach ihrer Aufhebung. Um den Weg hierzu anzudeuten, argumentiert Marx 1844 wie folgt: Das entfremdete Verhältnis zum Produkt der Arbeit impliziert die Verfügung eines Fremden über diese Arbeit, und dies analog zur religiösen Entfremdung, welche die Macht eines fremden, transzendenten Wesens über das Geschick der Menschen erzeugt. Nicht mehr als Grund, sondern als Produkt der entfremdeten Arbeit erscheint das Privateigentum, „wie auch die Götter *ursprünglich* nicht die Ursache, sondern die Wirkung der menschlichen Verstandesverirrung sind" (MEW Bd. 40, S. 520). Der nachfolgende Satz deutet die weitere Richtung an: „Später schlägt dieses Verhältnis in Wechselwirkung um." Indem Marx die Frage nach dem Ursprung des Privateigentums in die Frage „nach dem Verhältnis der *entäußerten Arbeit* zum Entwicklungsgang der Menschheit" verwandelt, verweist er auf die Lösung des Problems. „Denn wenn man von *Privateigentum* spricht, so glaubt man es mit einer Sache außer dem Menschen zu tun zu haben. Wenn man von der Arbeit spricht, so hat man es unmittelbar mit dem Menschen selbst zu tun. Diese neue Stellung der Frage ist inklusive schon ihre Lösung." (MEW Bd. 40, S. 521) Die entfremdete Gesellschaft kann nur durch den Arbeiter überwunden werden; nur beim Arbeiter erscheint sie „als Tätigkeit der Entäußerung, der Entfremdung", während sie beim Bourgeois „als Zustand der Entäußerung, der Entfremdung, erscheint" (MEW Bd. 40, S. 521 f.). Damit ist das Proletariat aufgerufen, die entfremdete Wirtschaftsgesellschaft des Kapitalismus aufzuheben und – um an den oben erläuterten Emanzipationsgedanken zu erinnern – die allgemein menschliche, nicht bloß politische Emanzipation, die Befreiung des Menschen aus seiner Selbstentfremdung, zu vollbringen. Dies ist derselbe Gedanke, den Marx in der „Einleitung" zur ‚Kritik der Hegelschen Rechtsphilosophie' ausspricht, die zur gleichen Zeit wie die ‚Pariser Manuskripte' entstand. Auch hier verweist Marx darauf, dass die allgemein menschliche Emanzipation nur von dem Teil der bürgerlichen Gesellschaft, der Klasse ausgehen könne, in der sich alle Mängel der Gesellschaft gewissermaßen konzentrieren. Die Möglichkeit einer allgemeinen Selbstbefreiung sei erst gegeben „in der Bildung einer Klasse mit *radikalen Ketten*, einer Klasse der bürgerlichen Gesellschaft, welche keine Klasse der bürgerlichen Gesellschaft ist, eines Standes, welcher die Auflösung aller Stände ist, einer Sphäre, welche einen universellen Charakter durch ihre universellen Leiden besitzt und kein *besonderes Recht* in Anspruch nimmt, weil kein *besonderes Unrecht*, sondern das *Unrecht schlechthin* an ihr verübt wird, (…) einer Sphäre endlich, welche sich nicht emanzipieren kann, ohne sich von allen übrigen Sphären der Gesellschaft und damit alle ihre übrigen Sphären der Gesellschaft zu emanzipieren, welche mit einem Wort der *völlige Verlust* des Menschen ist, also nur durch die *völlige Wiedergewinnung des Menschen* sich selbst gewinnen kann. Diese Auflösung der Gesellschaft als ein besonderer Stand ist das *Proletariat*" (MEW Bd. 1, S. 390).

Wenige Seiten zuvor hat Marx die Desiderate der menschlichen Emanzipation in der Form eines kategorischen Imperativs formuliert: „*alle Verhältnisse umzuwerfen*, in denen der Mensch ein erniedrigtes, ein geknechtetes, ein verlassenes, ein verächtliches Wesen ist" (MEW Bd. 1, S. 385). Zu diesen Verhältnissen sind die Produktionsverhältnisse zu zählen, die Marx zufolge die ökonomische Struktur der Gesellschaft, die reale Basis, bilden, „worauf sich ein juristischer und politischer Überbau erhebt, und welcher bestimmte gesellschaftliche Bewußtseinsformen entsprechen" (MEW Bd. 13, S. 8). Im Zusammenhang mit diesem Zitat lässt sich nochmals das Ergebnis der Marxschen ‚Kritik des Hegelschen Staatsrechts' ins Bewusstsein rufen, das – wie Marx selbst resümiert – darin bestand, „daß Rechtsverhältnisse wie Staatsformen weder aus sich selbst zu begreifen sind noch aus der sogenannten allgemeinen Entwicklung des menschlichen Geistes, sondern vielmehr in den materiellen Lebensverhältnissen wurzeln, deren Gesamtheit Hegel (…) unter dem Namen ‚bürgerliche Gesellschaft' zusammenfaßt" (MEW Bd. 13, S. 8).

2.5   Bourgeoisie und Staat

Das Phänomen der Entfremdung wird erneut in einer weiteren Frühschrift, der ‚Deutschen Ideologie' (1845/46) dargestellt. Marx und Engels zufolge bietet die Teilung der Arbeit das erste Beispiel dafür, dass dem Menschen seine eigene Tat zu einer fremden, ihn unterjochenden Macht wird, solange die Tätigkeit nicht freiwillig, sondern „naturwüchsig" geteilt ist (MEW Bd. 3, S. 33). Den durch die zwangsweise Teilung der Arbeit entfremdeten Individuen tritt nach Marx und Engels die staatliche Gewalt gegenüber, wobei sich die Argumentation im Rahmen einer Kurzfassung der materialistischen Geschichtsauffassung bewegt: Der von

der materiellen Produktion des unmittelbaren Lebens ausgehende Produktionsprozess ist zu entwickeln und die mit dieser Produktionsweise verbundene und
von ihr hervorgebrachte Verkehrsform – die bürgerliche Gesellschaft in ihren
verschiedenen Stufen – ist als Grundlage der ganzen Geschichte aufzufassen. Sie
ist sodann in ihrer Aktion als Staat darzustellen, die „sämtlichen verschiedenen
theoretischen Erzeugnisse und Formen des Bewußtseins, Religion, Philosophie,
Moral etc.", sind aus ihr „zu erklären und ihr Entstehungsprozeß [ist] aus ihnen
zu verfolgen" (MEW Bd. 3, S. 37 f.). Wenige Seiten weiter nimmt zunächst die
bürgerliche Gesellschaft konkrete Gestalt an. Wenn noch in der ‚Judenfrage' und
in Marx' Hegelkritik auch die mittelalterliche Gesellschaft als – alte – bürgerliche
Gesellschaft bezeichnet wurde, verlagert sich nunmehr der Schwerpunkt der
Begriffsbestimmung zur Bourgeoisie hin. Die unmittelbar aus der Produktion
und dem Verkehr sich entwickelnde gesellschaftliche Organisation, die „zu allen
Zeiten die Basis des Staats und der sonstigen idealistischen Superstrukturen"
bilde, sei zwar fortwährend als „bürgerliche Gesellschaft" bezeichnet worden, die
„bürgerliche Gesellschaft als solche" entwickle sich aber erst mit der Bourgeoisie
(MEW Bd. 3, S. 36). In gleichem Maße wird nun auch der Klassencharakter des
Staates unterstrichen. Die Trennung von Staat und Gesellschaft wird beibehalten;
doch der bürgerliche Staat wird nun eindeutiger in dieser spezifischen Form der
Trennung von der Gesellschaft als Klassenstaat definiert. „Durch die Emanzipation
des Privateigentums vom Gemeinwesen ist der Staat zu einer besonderen Existenz
neben und außer der bürgerlichen Gesellschaft geworden; er ist aber weiter Nichts
als die Form der Organisation, welche sich die Bourgeois sowohl nach Außen als
nach innen hin zur gegenseitigen Garantie ihres Eigentums und ihrer Interessen
notwendig geben." (MEW Bd. 3, S. 62)

Immer wieder findet sich der Hinweis, dass es sich bei der von der bürgerlichen
Gesellschaft getrennten selbstständigen Form des Staates gleichwohl um keine
Selbstständigkeit des Staates handelt im Sinne einer über der Gesellschaft stehenden,
von ihr unbeherrschten Institution. Dem Privateigentum entspreche der moderne
Staat, und schon deshalb sei die Selbstständigkeit des Staates eine scheinhafte Selbstständigkeit. Bereits in der ‚Kritik des Hegelschen Staatsrechts' hatte Marx vermerkt:
„Welches ist also die Macht des politischen Staates über das Privateigentum? Die
eigene Macht des Privateigentums, sein zur Existenz gebrachtes Wesen. Was bleibt
dem politischen Staat im Gegensatz zu diesem Wesen übrig? Die Illusion, daß er
bestimmt, wo er bestimmt wird." (MEW Bd. 1, S. 304 f.). Die Ursache dieser Illusion
erkennt Marx in der Verkehrung des Privateigentümers zum natürlichen Menschen
schlechthin; mit dieser Verkehrung verbindet sich die allgemeine Illusion einer
freien Willenszustimmung zu sämtlichen staatlichen Institutionen. „Da der Staat
die Form ist", so heißt es in der ‚Deutschen Ideologie', „in welcher die Individuen

einer herrschenden Klasse ihre gemeinsamen Interessen geltend machen und die ganze bürgerliche Gesellschaft einer Epoche sich zusammenfaßt, so folgt, daß alle gemeinsamen Institutionen durch den Staat vermittelt werden, eine politische Form erhalten. Daher die Illusion, als ob das Gesetz auf dem Willen, und zwar auf dem von einer realen Basis losgerissenen, dem *freien* Willen beruhe." (MEW Bd. 3, S. 62) Den verschiedenen Illusionen muss der Klassencharakter des Staates gegenübergestellt werden. Marx und Engels haben stets erneut darauf verwiesen, und auch das ‚Kommunistische Manifest' bringt die bekannte Formulierung: „Die moderne Staatsgewalt ist nur ein Ausschuß, der die gemeinschaftlichen Geschäfte der ganzen Bourgeoisklasse verwaltet." (MEW Bd. 4, S. 464) Es soll hier den Aussagen des ‚Manifests der Kommunistischen Partei' nicht nachgegangen werden, die eben zitierte Stelle soll nur als Einstieg für eine neuere ideologiekritische Position dienen. Diese Position, mit der der erste Teil dieser Betrachtung abgeschlossen werden kann, verdeutlicht zugleich die Schranken einer Untersuchung, die – in vielem den Frühschriften von Marx und Engels ähnlich – als Ideologiekritik nicht zu einer Kritik der Politischen Ökonomie weiterschreitet. Und auch in den Werken von Marx und Engels, die erwähnt wurden, zeigt sich neben Engels' ‚Umrissen' allein in der ‚Deutschen Ideologie' ein solcher Übergang und damit jener Wandel, den Louis Althusser (1968, S. 34) als Übergang von der ideologischen zur wissenschaftlichen Phase des Marxismus bezeichnet hat. Althusser spricht diesbezüglich von einem Einschnitt, der das Ideologische (vor 1845) vom Wissenschaftlichen (nach 1845) in den Werken von Marx und Engels trennt; Werke des Einschnitts sind für ihn die ‚Thesen über Feuerbach' und die ‚Deutsche Ideologie'.

Die neuere ideologiekritische Position ist die Ralph Milibands in seiner Untersuchung ‚Der Staat in der kapitalistischen Gesellschaft' von 1972. Von der erwähnten Formulierung des ‚Kommunistischen Manifests' ausgehend, bezeichnet Miliband den Staat als das „Zwangsinstrument der herrschenden Klasse", die „selbst wieder durch Besitz und Kontrolle der Produktionsmittel definiert wird" (1972, S. 15). Dieses „Modell" der Wirklichkeit bedürfe gleichwohl der Ausarbeitung. Es komme darauf an, die von den Marxisten bisher vernachlässigten Fragen des Staates „im Lichte der konkreten sozio-ökonomischen und *politischen* und *kulturellen* Realität heutiger kapitalistischer Gesellschaften zu behandeln" (1972, S. 16). Dementsprechend unternimmt es Miliband, anhand umfangreichen empirischen und theoretischen Materials das „westliche Machtsystem" zu analysieren. In ihm ist auf die relativ kleine Zahl von Personen zu achten, die über einen überproportionalen Anteil an persönlichem Vermögen verfügen. Sie und die Manager bilden die ökonomische Elite der spätkapitalistischen Gesellschaft. „Zusammengenommen machen sie die Klasse aus, die Marxisten traditionell zur ‚herrschenden Klasse' der kapitalistischen Länder bestimmt haben." (Miliband 1972, S. 27). Trotz aller Parolen der „Klassenlosigkeit" westlicher Demokratien stelle die Form, die die Produktionsverhältnisse in diesen Ländern annehmen, diejenige zwischen kapitalistischen Arbeitgebern und Lohnempfängern dar. „Das ökonomische und politische Leben kapitalistischer Gesellschaften wird *primär* determiniert durch das Verhältnis dieser beiden Klassen, das aus der kapitalistischen Produktionsweise stammt (...)" (1972, S. 27 f.)

Miliband konkretisiert seine Interpretation: Wie erwähnt rekrutiert sich die ökonomische Elite aus den Eigentümern und Managern. Beide sind am „Handlungsziel" der Profitvermehrung orientiert. Diese ökonomische Elite bildet zwar keinen homogenen Block, ihr eigen ist aber ein Grundkonsens über die entscheidenden Fragen des ökonomischen und politischen Lebens. Im Gegensatz zu den vorindustriellen Klassen sieht Miliband in dieser ökonomischen Elite „nicht eigentlich eine ‚regierende Klasse'" (1972, S. 84). Die Kapitalistenklasse als Klasse herrsche also nicht unmittelbar politisch. Was aber eindeutig dominiere, sei der konservative Grundkonsens über die kapitalistischen Rahmenbedingungen, die von der ökonomischen Elite bestimmt würden. Und dementsprechend bilden nach Miliband die Unternehmer und Manager insofern eine herrschende Klasse, als der Staat die Funktionsgarantien eines auf privaten Profitinteressen gegründeten Systems übernimmt.

Der Untersuchung Milibands kann hier nicht im Einzelnen nachgegangen werden; herauszustellen ist allein ihr Grundzug. Miliband kommt das Verdienst zu, zahlreiche zusammenhängende Hypothesen über das Problem des Staates in der kapitalistischen Gesellschaft durchsichtig gemacht zu haben. Es ist als ein entscheidender Vorzug zu betrachten, dass hier bestimmte Grundannahmen der marxistischen Staatstheorie, die bisher aufgezeigt wurden, am Beispiel der USA, Englands, Italiens, Frankreichs und der Bundesrepublik Deutschland untersucht werden. Gleichwohl bezeichnet dieser Vorzug auch eine nicht zu übersehende Schwäche des Buches. Miliband beabsichtigt, seine empirischen Untersuchungen in den Gesamtrahmen einer materialistischen Staatstheorie zu stellen, unternimmt aber keine Klassenanalyse und berücksichtigt beispielsweise nicht die im dritten Teil dieser Untersuchung zu behandelnde Werttheorie von Marx. Zwar treten konkrete Merkmale des spätkapitalistischen Gesellschaftssystems deutlich zutage. Die beabsichtigte materialistische Theorie des Staates in einer solchen Gesellschaft lässt sich aber nicht auf einen Kanon von Einzelergebnissen reduzieren. Darüber hinaus weist Milibands Klassenbegriff ein schillerndes Gepräge auf, werden Eliten untersucht, ohne dass deren Beziehung zu den „Klassen" eindeutig bestimmt würde.

Hier setzte dann auch die Kritik von Nicos Poulantzas (1976) an. Die Untersuchung wird auf Poulantzas' Position im zweiten Teil eingehen; hier sollen nur diejenigen wenigen Punkte seiner Kritik genannt werden, die unabhängig von

Poulantzas' eigener Konzeption zu verstehen sind. Poulantzas kritisiert an Miliband vor allem, gesellschaftliche Klassen nicht als objektive Strukturen und ihr
Verhältnis nicht als ein objektives System gesetzmäßiger Beziehungen zu begreifen,
sondern sie auf interpersonale Beziehungen zurückzuführen. Ebenso wie der Staat
auf interpersonale Beziehungen der den Staatsapparat bildenden „Gruppen"-Mit-
glieder reduziert werde, stelle Miliband bei seiner Betrachtung der ökonomischen
Elite auf Verhaltensmotivationen ab. Wie erwähnt, wurden bei Miliband die Manager allein in Verfolgung des „Handlungsziels" der Profitvermehrung zu einem
Teil der herrschenden Klasse. Den marxistischen Theoretiker Poulantzas musste
diese Argumentation, die sich zudem auf Marx berief, herausfordern. Dass das
entscheidende Kriterium für die Klassenzugehörigkeit nicht eine Verhaltensmoti-
vation, sondern die objektive Stellung im Produktionsprozess und das Eigentum an
Produktionsmitteln sei, konnte Poulantzas mit Marx dem entgegenhalten.

Es soll hier die Kontroverse zwischen Miliband und Poulantzas nicht weiter
vertieft werden. Die nur angedeutete Problemstellung beinhaltet zahlreiche Fragen, die im Verlauf der Untersuchung noch anzusprechen sind – Fragen nach der
eigenen Wirkungsweise bürgerlicher staatlicher Institutionen, nach der „relativen
Autonomie" des Politischen im Rahmen kapitalistischer Produktionsverhältnisse:
Warum ist der Staat nicht einfach ein Instrument der herrschenden Klassen? Wie
unabhängig ist die politische Macht vom Großkapital? Wie stellt sich die Einheit
politischer Interessen im bürgerlichen Staat her?

Die Staatstheorie und der bürgerliche Staat

3

Die wohl bekannteste Staatstheorie von Marx ist die der Zerschlagung des bürgerlichen Staates. Vor allem in den Schlussfolgerungen aus den konkreten geschichtlichen Analysen findet sich diese Theorie. Marx und Engels haben ihre Konzeption stets auf die Sozial- und Wirtschaftsgeschichte ihrer Zeit bezogen und daraus wesentliche Einsichten gewonnen. Immer wieder werden die theoretischen Darlegungen durch empirische Exkurse und Illustrationen unterbrochen. Das gilt vor allem für Marx' Schriften zur französischen Geschichte, denen in den beiden ersten Abschnitten dieses Teils nachgegangen werden soll. Der Staat wird hier überwiegend als ein aus der Klassenspaltung entstandener Zwangsapparat zur Unterdrückung der Arbeiterklasse und zur gleichzeitigen Überbrückung divergierender Fraktionsinteressen innerhalb der Kapitalistenklasse behandelt. Als Zwangsinstrument zur Aufrechterhaltung der Klassenspaltung erscheint der Staat des Weiteren in Engels' theoretischen Ausführungen. Namentlich im ‚Ursprung der Familie, des Privateigentums und des Staats' trifft man diese Charakterisierung des Staatsapparates an. Diese Ausführungen waren es dann auch, an denen sich Lenin im Kampf gegen den Revisionismus und für die Revolution orientiert hat. Neben der erwähnten Schrift von Engels wird in diesem Teil auch Lenins Theorie in seiner Abhandlung ‚Staat und Revolution' betrachtet.

3.1   Klassenkämpfe und die herrschenden Klassen

Die Betrachtung wendet sich zunächst den von Marx analysierten Ereignissen in Frankreich zu, wo nach Engels die „geschichtlichen Klassenkämpfe mehr als anderswo jedesmal bis zur Entscheidung durchgefochten wurden" und „der Kampf des aufstrebenden Proletariats gegen die herrschende Bourgeoisie (…) in einer,

© Springer Fachmedien Wiesbaden GmbH, ein Teil von Springer Nature 2018
W. Röhrich, *Karl Marx und seine Staatstheorie*,
https://doi.org/10.1007/978-3-658-21482-1_3

anderswo unbekannten, akuten Form" auftrat (MEW Bd. 8, S. 561). Insbesondere der
Zeitraum vom Februar 1848, dem Sturz Louis Philippes, bis zum Dezember 1851,
dem Staatsstreich Louis Bonapartes, zeigte – so Lenin (Werke Bd. 25, S. 423) – in
„rascher, ausgeprägter, konzentrierter Form dieselben Entwicklungsprozesse, die
der ganzen kapitalistischen Welt eigen sind". In diesen Jahren präsentierten sich
Marx die besonderen Formen des kapitalistischen Staates sowie die konkrete Gestalt
der Einheit *mehrerer Klassenfraktionen der Bourgeoisie*, die sich der Exekutivgewalt
als Machtinstrument bedienten. Dieser Teil der Darstellung will Marx' Analysen
bis zur Erscheinung des Bonapartismus nachgehen und in diesem Zusammenhang
die deutende Konzeption von Nicos Poulantzas aufzeigen.

Überblickt man die Geschichte Frankreichs von 1789 bis 1871, so fällt auf, dass
der Großen Revolution von 1789 vier weitere folgten: die Julirevolution von 1830,
die Februar- und die Junirevolution von 1848 und der „Bürgerkrieg" von 1870.
Dieser Sachverhalt verweist auf zwei Faktoren. Zum einen zeigt sich der enge Zusammenhang der revolutionären Ereignisse mit den verschiedenen Etappen der
industriellen Revolution, in deren Ergebnis die entsprechenden Klassenfraktionen
der Bourgeoisie einander in der Machtausübung ablösten.

Während der dreißiger und vierziger Jahre des 19. Jahrhunderts kam es zum
Durchbruch der industriellen Revolution, fast zwanzig Jahre später als in England
und nahezu zwanzig Jahre früher als in Deutschland. Der industrielle Aufschwung
Frankreichs, das Eindringen der maschinellen Produktion in die Manufakturen,
kurz: die Entfaltung des französischen Fabriksystems und die damit verbundene
wirtschaftliche Konzentration bildeten die Grundlagen. Zum anderen muss das
Phänomen beachtet werden, dass es den Volksmassen, wie Marx im Hinblick auf
die Februarrevolution von 1848 schrieb, um die Beseitigung des „Kapitals auf dem
Throne", um die Beseitigung der gekrönten Herrschaft einer Klassenfraktion ging
(MEW Bd. 5, S. 134).

Die Klassenfraktion, die unter der konstitutionellen Monarchie Louis Philippes
dominierte, war die Finanzaristokratie. „Nicht die französische Bourgeoisie herrschte
unter Louis Philippe, sondern *eine Fraktion* derselben, Bankiers, Börsenkönige,
Eisenbahnkönige, Besitzer von Kohlen- und Eisenbergwerken und Waldungen,
ein Teil des mit ihnen ralliierten Grundeigentums – die sogenannte *Finanzaristokratie*. Sie saß auf dem Throne, sie diktierte in den Kammern Gesetze, sie vergab
die Staatsstellen vom Ministerium bis zum Tabaksbüro." (MEW Bd. 7, S. 12)[4] Wie
Marx im ,Achtzehnten Brumaire' vermerkt, bestand neben dieser Finanzaristo-

---

4 So auch der Hinweis Friedrich Engels' (MEW Bd. 4, S. 27), die „wirklichen Minister"
   unter dem Bürgerkönigtum seien die Herren Rothschild, Fould und die übrigen Pariser
   Großbankiers gewesen, deren „riesiges Vermögen sie zu den hervorragendsten Vertretern

kratie gleichwohl eine zweite Bourgeoisiefraktion, die der großen Industriellen. Beide Fraktionen bildeten also offenbar eine besondere politische Einheit, die der konstitutionellen Monarchie als Staatsform entsprach.

Marx stellt derart eine Beziehung zwischen einer Staatsform und der konkreten Gestalt der Einheit mehrerer herrschender Fraktionen her – eine Beziehung, die man auch bei der weiteren Betrachtung der französischen Ereignisse konstatieren kann. Nicos Poulantzas hat in diesem Zusammenhang den Begriff des „Machtblocks" eingeführt, den er an die Stelle der von Marx gebrauchten Termini wie „Bündnis", „Koalition", „Vereinigung" und „Verschmelzung" setzt. Dieser Begriff des Machtblocks bezeichnet Poulantzas zufolge die aus den politisch herrschenden Klassen und Fraktionen gebildete widersprüchliche Einheit in ihrem Verhältnis zu einer besonderen Form des kapitalistischen Staates. „Der Machtblock", so Poulantzas (1975, S. 243), „bezieht sich auf die Periodeneinteilung der kapitalistischen Gesellschaftsformation in typische Stadien. Er umfaßt (…) die konkrete Gestalt der Einheit dieser Klassen und Fraktionen in den Stadien der Gesamtheit der Instanzen, welche durch eine spezifische Gliederung und einen eigenen Rhythmus gekennzeichnet sind." Im Machtblock „verschmelzen" also nicht die politisch herrschenden Klassen und Fraktionen, sie bilden vielmehr eine von inneren Widersprüchen gekennzeichnete Einheit unter dem Schutz der hegemonialen Fraktion. Die Interessengegensätze werden nicht aufgehoben, der Klassenkampf bleibt ständig gegenwärtig. Diese Kennzeichnung Poulantzas' ist hilfreich. Die Bedeutung des Begriffs „Machtblock" kann an den weiteren Ereignissen überprüft werden.

Zunächst kam es mit der Februarrevolution von 1848 zu einer Regierung, die sich aus verschiedenen Parteien zusammensetzte, unter denen sich der Sieg verteilte. Sie konnte nach Marx „nichts anderes sein als ein *Kompromiß der verschiedenen Klassen*, die gemeinsam den Julithron umgestürzt, deren Interessen sich aber feindlich gegenüberstanden. Ihre *große Majorität* bestand aus Vertretern der Bourgeoisie. Das republikanische Kleinbürgertum, vertreten in Ledru-Rollin und Flocon, die republikanische Bourgeoisie in den Leuten vom ‚National', die dynastische Opposition in Crémieux, Dupont de l'Eure usw. Die Arbeiterklasse besaß nur zwei Repräsentanten, Louis Blanc und Albert. Lamartine endlich in der provisorischen Regierung, das war zunächst kein wirkliches Interesse, keine bestimmte Klasse, das war die Februarrevolution selbst, die gemeinsame Erhebung mit ihren Illusionen, ihrer Poesie, ihrem eingebildeten Inhalt und ihren Phrasen" (MEW Bd. 7, S. 16 f.).

Die von Marx herausgestellten Phrasen sollten sich alsbald als solche enthüllen. Bereits nach den Maiwahlen 1848 trat eine Nationalversammlung zusammen, in

---

ihrer Klasse" gemacht und gegen die sich die breiten Volksmassen gerichtet hätten: „Der Haß gegen Rothschild und gegen die money lords ist ungeheuer groß (…)."

der Lamartines gemäßigte Republikaner 500 Sitze und die vereinigten Monarchisten – Orléanisten und Legitimisten – 300 Sitze einnahmen, während sich die Sozialisten und ihre Verbündeten mit weniger als 100 Sitzen begnügen mussten. Diese Nationalversammlung brach sofort, so Marx, „mit den sozialen Illusionen der Februarrevolution, sie proklamierte rundheraus die *bürgerliche Republik*, nichts als die bürgerliche Republik" (MEW Bd. 7, S. 30). Louis Blanc und Albert wurden aus der von ihr ernannten Exekutivkommission ausgeschlossen; der Vorschlag eines besonderen Arbeitsministeriums wurde verworfen. Und mit stürmischen Beifallsrufen empfing man die „Erklärung des Ministers Trélat: ‚Es handle sich nur noch darum, *die Arbeit auf ihre alten Bedingungen zurückzuführen*'" (ebd.). Damit war der ersten Periode vom 24. Februar oder dem Sturz Louis Philippes bis zum 4. Mai 1848, dem Zusammentritt der konstituierenden Versammlung, die zweite Periode gefolgt, die „Periode der Konstituierung, Begründung der bürgerlichen Republik" (MEW Bd. 8, S. 121).

Es kam zur Junirevolution, in der die Bourgeoisie die Forderungen des Proletariats „widerlegte" und dabei den Massakern Cavaignacs akklamierte. Was in der Februarrevolution noch verschleiert blieb, enthüllte die Junirevolution, entsprechend den Worten von Marx: „Die Februarrevolution war die *schöne* Revolution, die Revolution der allgemeinen Sympathie, weil die Gegensätze, die in ihr gegen das Königtum eklatierten, *unentwickelt*, einträchtig nebeneinander schlummerten, weil der soziale Kampf, der ihren Hintergrund bildete, nur eine luftige Existenz gewonnen hatte, die Existenz der Phrase, des Worts. Die *Junirevolution* ist die *häßliche* Revolution, die abstoßende Revolution, weil an die Stelle der Phrase die Sache getreten ist, weil die Republik das Haupt des Ungeheuers selbst entblößte, indem sie ihm die schirmende und versteckende Krone abschlug." (MEW Bd. 7, S. 32)

Zweierlei sollte sich verdeutlichen: Zum ersten war der Charakter der „bürgerlichen Republik" zutage getreten. Die Niederlage der Juni-Insurgenten hatte nach Marx gezeigt, dass es sich in Europa um andere Fragen handelte als um die Alternative Republik oder Monarchie. Sie hatte offenbart, „daß *bürgerliche Republik* hier die uneingeschränkte Despotie einer Klasse über andere Klassen bedeutet" (MEW Bd. 8, S. 122). Zum zweiten war, wie Marx im „Vorspann" zu den Klassenkämpfen in Frankreich vermerkte, deutlich geworden, wie wenig es bisher zu scharfen Klassengegensätzen gekommen war. Es wurde eingangs auf jenen Zusammenhang der revolutionären Ereignisse mit den verschiedenen Etappen der industriellen Revolution verwiesen, in deren Gefolge Klassenfraktionen der Bourgeoisie einander in der Machtausübung ablösten. Drei Bourgeoisiefraktionen traten in Erscheinung: Während die eine Fraktion, die großen Grundeigentümer, unter dem älteren Zweig der Bourbonen bis 1830 dominiert hatte, herrschten die beiden weiteren – von Marx zumeist als Einheit bezeichneten – Fraktionen, die

Finanzaristokraten und die großen Industriellen, unter dem Bürgerkönigtum; beide Fraktionen waren orléanistisch ausgerichtet. Nun, in der parlamentarischen Republik, die weder den Namen Bourbon noch den Namen Orléans trug, sondern, so Marx, den Namen Kapital, hatten alle drei Fraktionen „die Staatsform gefunden, worunter sie *gemeinsam* herrschen konnten" (MEW Bd. 8, S. 131).

Die von Marx hervorgehobene „gemeinsame Herrschaft" täuscht nur oberflächlich über jenes Phänomen hinweg, welches oben im Anschluss an Poulantzas mit dem Begriff des Machtblocks umschrieben wurde. Zwar heißt es bei Marx: „*Bourbon* war der königliche Name für den überwiegenden Einfluß der Interessen der einen Fraktion, *Orléans* der königliche Name für den überwiegenden Einfluß der Interessen der anderen Fraktion – das *namenlose Reich der Republik* war das einzige, worin beide Fraktionen in gleichmäßiger Herrschaft das gemeinsame Klasseninteresse behaupten konnten, ohne ihre wechselseitige Rivalität aufzugeben." (MEW Bd. 7, S. 59) Während also mit dem Hinweis auf den „überwiegenden Einfluß" der Interessen der einzelnen Fraktionen deren jeweilige Dominanz während der Restauration und der Monarchie Louis Philippes angesprochen wird, scheint die parlamentarische Republik des dominanten Elements zu entbehren. Und doch stellt der Machtblock der parlamentarischen Republik keine Herrschaft mit gleicher Machtverteilung, keine „Verschmelzung" der Fraktionen dar. Als Beleg hierfür kann Marx' Hinweis gelten, dass „die Republik vom ersten Tage ihres Bestehens an die Finanzaristokratie nicht stürzte, sondern befestigte" (MEW Bd. 7, S. 77). In der Tat beruhte der Machtblock der parlamentarischen Republik auf der Hegemonie der Finanzfraktion. Der Staat bildete auch hier – um mit Poulantzas (1974, S. 311) zu sprechen – den „Faktor der politischen Einheit des Machtblocks unter dem Schutz der herrschenden Klasse oder Fraktion".

Poulantzas' Konzept des Machtblocks – dies sei hier noch vermerkt – weist allerdings auch eine nicht zu unterschätzende Schwäche auf. Die vorrangige Staatsfunktion, Unterschiede unter den Klassenfraktionen, die einen Machtblock bilden, einzuebnen, lässt eine bedeutsame Aufgabe des politisch-administrativen Systems als zumindest zweitrangig erscheinen. Gemeint sind die Regulierungs- und Planungsmaßnahmen zugunsten des kapitalistischen Reproduktionsprozesses. Hier stößt Poulantzas auf begriffliche Barrieren: Ebenso wie er die Klassen vornehmlich aus dem politisch-ideologischen Niederschlag ihrer ökonomischen Stellung definiert, erfasst er den staatsinterventionistischen Krisenmechanismus nur vermittelt als politischen. In seiner Frontstellung gegen den „Ökonomismus" der Zweiten und Dritten Internationale verkürzte Poulantzas das Beziehungsverhältnis von „politischen" und „ökonomischen" Staatsfunktionen auf die Abwehr systemgefährdender Angriffe auf die politische Hegemonie der herrschenden Klassen. Erst in einer neueren Veröffentlichung ‚Staatstheorie' (1977, in deutscher Übersetzung:

1978) findet die wachsende Rolle des Staates für die Kapitalakkumulation stärkere Berücksichtigung.

3.2 Die verselbstständigte Exekutivgewalt

Der Begriff der scheinbaren, gleichwohl auch existenten Verselbstständigung der staatlichen Exekutivgewalt verweist auf eine besondere Erscheinungsform des bürgerlich-kapitalistischen Staates. Marx gebraucht ihn bei seiner Analyse des französischen Bonapartismus. Dieser Analyse soll hier kurz nachgegangen werden – parallel zu August Thalheimers Versuch, in Korrespondenz dazu eine Theorie der Faschisierung der bürgerlichen Gesellschaft zu entwickeln.

Im Dezember 1848 wurde Louis Napoleon zum Präsidenten der Republik gewählt, der bis 1851 die von Marx beschriebenen Kräfte für eine bonapartistische Diktatur auf sich vereinte. Die Ereignisse dieser Zeitspanne waren durch weiter wachsende Rivalitäten der einzelnen Fraktionen der Bourgeoisieklasse und durch einen „Vereinzelungseffekt" bestimmt, der sich im ökonomischen Klassenkampf ausprägte und auf Privatinteressen gründete. Marx erkannte hier zunächst eine wachsende Differenz zwischen der bürgerlichen Masse und ihren Repräsentanten im Parlament, die er mit einer Differenz in jedem einzelnen Bourgeois selbst verknüpft sah. Diese Differenz war die zwischen dem Privatinteresse am reibungslosen Fortgang der Geschäfte und dem öffentlichen Interesse an der politischen Macht. Marx zufolge offenbarte sich hierin vor allem die bourgeoise Aversion gegen die parlamentarischen Diskussionen, die sich außerhalb des Parlaments in den debattierenden Clubs fortsetzten. Die an die Volksmeinung appellierenden Repräsentanten berechtigten die Bevölkerung, in Petitionen ihre wirkliche Meinung zu sagen. All dies war dazu angetan, das auf die kapitalistische Wirtschaftsweise bezogene Privatinteresse zu stören. Die Bourgeoisie verketzerte nach Marx nun als „sozialistisch", was sie früher als „liberal" gefeiert hatte, sie gestand ein, „daß ihr eigenes Interesse gebietet, sie der Gefahr des *Selbstregierens* zu überheben, daß, um die Ruhe im Lande herzustellen, vor allem ihr Bourgeoisparlament zur Ruhe gebracht, um ihre gesellschaftliche Macht unversehrt zu erhalten, ihre politische Macht gebrochen werden müsse; daß die Privatbourgeois nur fortfahren können, die andern Klassen zu exploitieren und sich ungetrübt des Eigentums, der Familie, der Religion und der Ordnung zu erfreuen, unter der Bedingung, daß ihre Klasse neben den andern Klassen zu gleicher politischer Nichtigkeit verdammt werde; daß, um ihren Beutel zu retten, die Krone ihr abgeschlagen und das Schwert, das sie beschützen solle, zugleich als Damoklesschwert über ihr eigenes Haupt gehängt werden müsse" (MEW Bd. 8, S. 154).[5]

Dieser Hinweis auf das Privatinteresse ist wichtig; innerhalb der ökonomischen Gesellschaftsverhältnisse lässt sich eine Vereinzelung zwischen und innerhalb verschiedener Klassenfraktionen feststellen. Eine solche Vereinzelung führt zu einer allgemeinen Vereinzelung des ökonomischen Kampfes, für die Marx den Ausdruck *privat* verwendet. Die Vereinzelung ist eng mit dem Privatinteresse verbunden. Und was den bürgerlichen Staat betrifft, so steht er in Beziehung zu den ökonomischen Gesellschaftsverhältnissen in der Form, wie sie in ihrer Vereinzelung erscheinen. Dies darum, weil – wie Nicos Poulantzas (1975, S. 135) zu Recht vermerkt – „die ökonomischen Gesellschaftsverhältnisse aus Formen der Klassenpraxis bestehen, das heißt aus [Formen] des wirksamen und bereits überdeterminierten Handelns der auf die gesellschaftlichen Klassen verteilten Produktionsagenten im ökonomischen Bereich. Diese Praxis ist selber keineswegs ‚rein', sondern in ihrer konkreten Realität stets überdeterminiert. Der kapitalistische Staat ist daher bestimmt durch seine Funktion gegenüber dem ökonomischen Klassenkampf: gegenüber der Art und Weise, wie dieser ökonomische Klassenkampf infolge des (…) Vereinzelungseffekts auftritt".

Derart erscheint der bürgerliche Staat als die „eigentlich politische *Einheit* eines ökonomischen Kampfes, der seiner Natur nach diese Vereinzelung aufweist" – so Poulantzas (ebd.). Der Staat übernimmt hierbei gegenüber den ökonomischen Gesellschaftsverhältnissen eine spezifische, autonome Rolle, nämlich die eines politischen Körpers, dessen Existenz auf der Vereinzelung in den ökonomischen Gesellschaftsverhältnissen beruht. Vor allem gegenüber der Bourgeoisie wird dies deutlich: Sie bewies Marx zufolge, „daß der Kampf um die Behauptung ihres öffentlichen Interesses, ihres eigenen *Klasseninteresses*, ihrer *politischen* Macht, sie als Störung des Privatgeschäfts nur belästige und verstimme" (MEW Bd. 8, S. 183).

In der konkreten geschichtlichen Situation Frankreichs breitete sich damit eine Tendenz zur „Verselbständigung der Exekutivgewalt" aus, die im Grunde vom Bürgertum initiiert war und von ihm in der Folgezeit weiter vorangetrieben wurde. Vor allem angesichts der Handelskrise von 1851 und des Wiederauflebens der revolutionären Agitation sprach sich die „Masse" der außerparlamentarischen und damit „wirklichen" Bourgeoisie für Bonaparte und gegen ihr eigenes Parlament

---

5 Auf diese „Absonderung" hat bereits Antonio Gramsci (1955, S. 50) hingewiesen: „An einem gewissen Punkte ihres geschichtlichen Lebens lösen sich die gesellschaftlichen Klassen von ihren traditionellen Parteien. Die traditionellen Parteien in ihrer gegebenen Organisationsform, mit bestimmten, diese Parteien bildenden, sie vertretenden und leitenden Menschen, werden nicht mehr als eigentlicher Ausdruck ihrer Klasse oder Klassenfraktion anerkannt."

aus, wobei sie „ihr allgemeines Klasseninteresse, das heißt ihr politisches Interesse dem borniertesten, schmutzigsten Privatinteresse aufopferte (...)" (MEW Bd. 8, S. 185). Der französische Bourgeois – mitten in einer Handelskrise von „Gerüchten über Staatsstreiche und Herstellung des allgemeinen Wahlrechts, von dem Kampfe zwischen Parlament und Exekutivgewalt" und vielem mehr betäubt – schrie, so Marx, seiner parlamentarischen Republik zu: „Lieber ein Ende mit Schrecken als ein Schrecken ohn' Ende!", und Bonaparte verstand diesen Schrei (MEW Bd. 8, S. 187 f.).

Die Bourgeoisie bildete mithin eine der sozialen Grundlagen des Bonapartismus. Zwecks Durchsetzung klasseneigener Forderungen sehnte sie sich nach einer Periode, „wo sie herrschte, ohne verantwortlich für ihre Herrschaft zu sein; wo eine Scheinmacht, zwischen ihr und dem Volke stehend, für sie handeln und ihr zugleich als Versteck dienen mußte; wo sie sozusagen einen gekrönten Sündenbock besaß, auf den das Proletariat losschlug, sobald es sie treffen wollte, gegen den sie sich selbst mit dem Proletariat verband, so oft er ihr lästig wurde und sich als Macht für sich festsetzen wollte" (MEW Bd. 5, S. 449). Diese frühe Aussage in der ‚Neuen Rheinischen Zeitung' vom November 1848 stellt bereits eine Vorwegnahme der Lage von 1850/51 dar. In ihr verdeutlicht sich zugleich die unentschlossene Haltung der Arbeiterschaft, die, wie Marx im ‚Achtzehnten Brumaire' vermerkt, auf die Ehre verzichtete, „eine erobernde Macht zu sein", die sich ihrem Schicksal unterwarf und bewies, „daß die Niederlage vom Juni 1848 sie für Jahre kampfunfähig gemacht" hatte (MEW Bd. 8, S. 157). Und „mit dieser Niederlage tritt das Proletariat in den *Hintergrund* der revolutionären Bühne (...) Zum Teil wirft es sich (...) in eine Bewegung, worin es darauf verzichtet, die alte Welt mit ihren eigenen großen Gesamtmitteln umzuwälzen, vielmehr hinter dem Rücken der Gesellschaft, auf Privatweise, innerhalb seiner beschränkten Existenzbedingungen, seine Erlösung zu vollbringen sucht, also notwendig scheitert" (MEW Bd. 8, S. 122).

Eine schwere Niederlage des Proletariats in einer tiefen sozialen Krise trug also ebenso zum Entstehen des Bonapartismus bei wie die genannten Gründe der Bourgeoisie. Und dabei sollte nicht vergessen werden, dass die Kluft innerhalb der Bourgeoisie über die erwähnten ökonomischen Ursachen hinaus wieder aus der Wirkung der Niederlage der Arbeiterklasse verstanden werden muss. Bonaparte erschien nun als der ersehnte Repräsentant des gemeinsamen Interesses der in sich gespaltenen Bourgeoisie, die aus sich heraus eine Einheit nicht mehr zustande brachte. Engels hat hierzu treffend bemerkt: „Konnte das Proletariat [nach 1848] noch nicht Frankreich regieren, so konnte die Bourgeoisie es schon nicht mehr (...) Ihre inneren Zänkereien erlaubten dem Abenteurer Louis Bonaparte, alle Machtposten – Armee, Polizei, Verwaltungsmaschinerie – in Besitz zu nehmen und am 2. Dezember 1851 die letzte feste Burg der Bourgeoisie, die Nationalversammlung, zu sprengen." (MEW Bd. 22, S. 190 f.)

Neben diesen sozialen Grundlagen des Bonapartismus existierte eine breite soziale Wurzel der Diktatur Bonapartes: die der Parzellenbauern. „Die zahlreichste Klasse der französischen Gesellschaft, die Parzellenbauern" (MEW Bd. 8, S. 198), bildeten eine genuine Massenbasis für das neue Regime. Es handelte sich hierbei um die konservativen Parzellenbauern, also um all jene, die ihr bäuerliches Privateigentum gegenüber der proletarischen Revolution erhalten und verteidigt wissen wollten. Sie und nicht die revolutionären Parzellenbauern, die sich gegen die bürgerlichen Eigentumsverhältnisse richteten, bildeten jene „Addition gleichnamiger Größen", die ihr Interesse nicht durch ein Parlament oder einen Konvent selbst geltend machen konnten, sondern sich vertreten lassen mussten. Ihren besten Repräsentanten vermeinten sie im Neffen jenes Kaisers zu sehen, der sie einst zu freien Bauern gemacht hatte.

Als eine weitere „Klasse" nennt Marx die Kleinbürger, die in den Junitagen für die Rettung des Eigentums und die Wiederherstellung des Kredits gekämpft, sich im Frühjahr 1849 jedoch mit den Sozialisten zur „Sozialdemokratischen Partei" unter Führung Ledru-Rollins vereint hatten. Als Gesamtklasse sind sie für Marx sowohl revolutionär als auch reaktionär.

Sie stehen auf der Seite der Arbeiter, wenn die Bourgeoisie die republikanischen Einrichtungen bedroht; aber sie wenden sich gegen die Arbeiter, sobald diese die Abschaffung des Privateigentums fordern. Daraus erklärt sich ihre schwankende und ambivalente Haltung, die letztlich Bonaparte zugutekam.

Schließlich ist es die „Gesellschaft des zehnten Dezember", welche die organisatorischen Stützen und Mittel Louis Bonapartes ausmacht. Sie besteht zunächst aus dem „Pariser Lumpenproletariat[,] in geheimen Sektionen organisiert", jede Sektion „von bonapartistischen Agenten geleitet, an der Spitze des Ganzen ein bonapartistischer General" (MEW Bd. 8, S. 161). Hinzu kommen deklassierte Bourgeoisieelemente: zerrüttete Roués, Spieler, Literaten usw. und deklassierter Adel sowie schließlich deklassierte bäuerliche Schichten.

Die Deutung von Marx trifft zu. Es waren in der Tat Deklassierte aller Klassen, aus denen sich die Parteiorganisation Bonapartes zusammensetzte, sozial und wirtschaftlich entwurzelte Randschichten. Mit Recht hat August Thalheimer (1974, S. 17) in seiner bekannten Untersuchung ‚Über den Faschismus' darauf verwiesen, dass es sich hier um „Fleisch vom Fleische der bürgerlichen Gesellschaft" gehandelt habe, und zwar im folgenden Sinne: „Der bekannte Proudhonsche Satz: ‚La propriété c'est le vol', ‚das Eigentum ist Diebstahl', gilt also auch umgekehrt: ‚Le vol c'est la propriété', Diebstahl ist das Eigentum'. Und so sind diese Deklassierten aller Klassen zugleich Fleisch vom Fleische, Bein vom Beine des Privateigentums, der bürgerlichen Gesellschaft, und also fähig, indem sie ihre politische Herrschaft verrichten, zugleich ihre soziale Herrschaft zu verteidigen und zu schützen gegenüber der Klasse und den Klassen, die die revolutionäre Aufhebung der bürgerlichen Gesellschaft, die gesellschaftliche Aufhebung des individuellen bürgerlichen Eigentums, vertreten, des industriellen Proletariats und der proletarisierten Teile des Bauerntums."

Damit wurde bereits zu Thalheimer übergeleitet, dessen Faschismusdeutung hier kurz angesprochen werden soll. Wie eingangs erwähnt, unternahm es Thalheimer in seinem Aufsatz ‚Über den Faschismus', der zu Beginn des Jahres 1930 in der Zeitschrift der KPD-O(pposition) ‚Gegen den Strom' erschien, Marx' Begriff des Bonapartismus für die Interpretation des Faschismus fruchtbar zu machen. Dem Bonapartismus als „offene Diktatur des Kapitals" wird der Faschismus als „andere (…,) aber nahe verwandte" Form dieser Diktatur an die Seite gestellt (Thalheimer 1974, S. 21). Im italienischen Faschismus wie im französischen Bonapartismus seien die gleichen Wesenszüge zu erkennen: die „Verselbständigung der Exekutivgewalt", die politische Unterwerfung aller Massen, einschließlich der Bourgeoisie selbst, unter die faschistische Staatsmacht bei sozialer Herrschaft der Großbourgeoisie und der Großgrundbesitzer. Die faschistische Partei entspricht der „Dezemberbande" Louis Bonapartes; ihr sozialer Bestand sind Deklassierte aller Klassen, des Adels, der Bourgeoisie, des städtischen Kleinbürgertums, der Bauernschaft, der Arbeiterschaft. Übereinstimmend sei gleichermaßen die Situation des Klassenkampfes: „Im Falle des italienischen Faschismus, wie in dem des Bonapartismus, ein gescheiterter Ansturm des Proletariats, darauffolgende Enttäuschung in der Arbeiterklasse, die Bourgeoisie erschöpft, zerfahren, energielos nach einem Retter ausschauend, der ihre soziale Macht befestigt." (Thalheimer 1974, S. 24) Wie im Bonapartismus, so habe auch im Faschismus das Bürgertum auf seine politische Existenz zwecks Rettung seiner sozialen Existenz verzichtet.

Hiermit war erneut die Form angesprochen, die Marx und Thalheimer zufolge der kapitalistische Staat unter Bedingungen der Krise annimmt. Der mit dem Faschismus verglichene Bonapartismus wird dabei nicht als ein alle kapitalistischen Staatsformen charakterisierendes Phänomen angesehen, er ist kein konstitutives Merkmal des kapitalistischen Staatstyps selbst, was Nicos Poulantzas (1975, S. 269) nahelegen möchte: „In erster Linie ist in den Schriften von Marx und Engels zwar die Analyse eines konkreten politischen Phänomens einer bestimmten Gesellschaftsformation zu finden. Doch ist der Bonapartismus parallel dazu von Marx und Engels *systematisch durchdacht worden*, nicht nur als eine konkrete Form des kapitalistischen Staats, *sondern als ein konstitutives Merkmal des kapitalistischen Staatstyps selber.*"

Wie Ralph Miliband klar herausgestellt hat, ist der Bonapartismus „alles andere als die Religion der Bourgeoisie – er ist ihre letzte *Zuflucht* unter Bedingungen derartiger politischer Instabilität, daß sie eine Bedrohung darstellt für die Aufrechterhaltung der bestehenden gesellschaftlichen Ordnung, einschließlich des für diese Ordnung zentralen Herrschaftssystems" (1976, S. 47). Damit ist die gleiche Funktion angesprochen, die Thalheimer auch für den Faschismus konstatierte. Bei aller notwendigen Vorsicht, mittels historischer „Parallel"-Ereignisse den Faschismus zu definieren, kommt Thalheimer das Verdienst zu, als erster das erkannt zu haben, was spätere Faschismusinterpretationen empirisch detaillierter aufgriffen. Er wies allerdings auch schon selbst auf den Unterschied zwischen Bonapartismus und Faschismus – die Veränderung des allgemeinen Charakters des Kapitalismus – hin: „Der dritte Napoleon operierte noch im Zeitalter des Kapitalismus der freien Konkurrenz (…) Mussolinis Außenpolitik dagegen ist von vornherein imperialistisch im modernen Sinne des Wortes begründet und gerichtet." (Ebd.) Die soziale Funktion des Faschismus bestand darin, kapitalistische Eigentumsverhältnisse und die damit verbundenen sozialen Privilegien der Oberklassen auch dann aufrechtzuerhalten, wenn das politische System in eine Krise geriet und es den sozialökonomisch herrschenden Machtgruppen angebracht erschien, die Exekutivgewalt zu delegieren.

3.3 Erfahrungen der Pariser Kommune

Mit dem Bonapartismus war das Zweite Kaiserreich entstanden. Die politische Entwicklung schien damit so weit fortgeschritten, dass die bürgerliche Gesellschaft „in ihrem Verwesungszustand nur noch das Kaisertum" oder „in ihrem Erneuerungszustand die Republik der Arbeit" zulassen konnte (MEW Bd. 17, S. 599). Für Marx war die verselbstständigte Exekutivgewalt des Bonapartismus die entwickeltste bürgerliche Staatsform; und auf diese als politische Restauration reagierte die Arbeiterklasse schließlich dadurch, dass sie mit der Pariser Kommune 1871 einen „neuen Ausgangspunkt von welthistorischer Wichtigkeit" setzte (MEW Bd. 33, S. 209). Die generelle Aussage, die Marx 1848 in der ‚Neuen Rheinischen Zeitung' traf, nämlich: „(j)eder provisorische Staatszustand nach einer Revolution erfordert eine Diktatur, und zwar eine energische Diktatur" (MEW Bd. 5, S. 402), und die allgemeine instrumentelle Bestimmung des Staates im Zusammenhang mit der sozialistischen Revolution sah Marx nun durch die Kommune modellhaft konkretisiert. Für ihn war die Kommune „eine Revolution gegen den *Staat* selbst", sie war keine Revolution, um die Macht des Staates von einer Klassenfraktion auf eine andere zu übertragen, sondern eine „Revolution, um diese abscheuliche Maschine der Klassenherrschaft [den Staat] selbst zu zerbrechen (…) Das Zweite Kaiserreich war die letzte Form dieser Staatsusurpation. Die Kommune war die entschiedene Negation jener Staatsmacht und darum der Beginn der sozialen Revolution des

19. Jahrhunderts" (MEW Bd. 17, S. 541 f.). Unter dem Gesichtspunkt der in dieser
Analyse vertretenen Auffassung gewinnt Marx' Urteil über die Kommune seine
volle Bedeutung: „Sie war wesentlich eine Regierung der Arbeiterklasse, das Resultat des Kampfs der hervorbringenden gegen die aneignende Klasse, die endlich
entdeckte politische Form, unter der die ökonomische Befreiung der Arbeit sich
vollziehen konnte." (MEW Bd. 17, S. 342)

Wie Engels einmal feststellte, wurden von ihm und Marx die revolutionären
Möglichkeiten des französischen Proletariats zu hoch eingeschätzt: „Die Geschichte
hat uns und allen, die ähnlich dachten, Unrecht gegeben. Sie hat klargemacht, daß
der Stand der ökonomischen Entwicklung auf dem Kontinent damals noch bei
weitem nicht reif war für die Beseitigung der kapitalistischen Produktion." (MEW
Bd. 7, S. 516) Nach nahezu zweimonatiger Belagerung und achttägigem Barrika-
denkampf war die Kommune besiegt worden. Wieder einmal hatte die französische
Arbeiterbewegung, wie im Juni 1848, durch die Erschießungen in der „Blutigen
Woche" ihre aktivsten Mitglieder und fähigsten Führer verloren, und zwar nicht
nur in Paris, sondern auch in Lyon, St. Étienne, Marseille, Toulouse, Narbonne,
Limoges und überall dort, wo die Bewegung der Kommune proletarische Impulse
wachgerufen hatte. Der bürgerlich-kapitalistische Staat erwies erneut seine Zähig-
keit, und zwar als „die politische Maschine, die die (...) ökonomische Herrschaft
des Kapitals über die Arbeit mit Hilfe von Gewalt verewigt", wie Marx vermerkte
(MEW Bd. 17, S. 593).

Der genannte Charakter des Staates blieb; und was sich angesichts dieser Tatsache
mehr und mehr konsolidierte, war die Betrachtungsweise von Marx, die man sich
an wenigen Zitatstellen aus dem ‚Bürgerkrieg in Frankreich' (1871) noch einmal
zusammenfassend vergegenwärtigen kann: „Die zentralisierte Staatsmacht, mit
ihren allgegenwärtigen Organen – stehende Armee, Polizei, Bürokratie, Geist-
lichkeit, Richterstand, Organe, geschaffen nach dem Plan einer systematischen
und hierarchischen Teilung der Arbeit – stammt her aus den Zeiten der absoluten
Monarchie, wo sie der entstehenden Bourgeoisiegesellschaft als eine mächtige Waffe
in ihren Kämpfen gegen den Feudalismus diente (...) Der riesige Besen der Französischen Revolution des 18. Jahrhunderts fegte alle diese Trümmer vergangener
Zeiten weg und reinigte so gleichzeitig den gesellschaftlichen Boden von den letzten
Hindernissen, die dem Überbau des modernen Staatsgebäudes im Wege gestanden."
(MEW Bd. 17, S. 336) Das Zitat kann u. a. als ein Beleg für die Grundthese von
Nicos Poulantzas gelten, die Herausbildung des kapitalistischen Staats sei primär
ein Produkt der kapitalistischen Teilung der Arbeit. Die Grundlage der relativen
Trennung des Staates von den Produktionsverhältnissen ist ihm zufolge „in der
Besonderheit der kapitalistischen Produktionsverhältnisse und der gesellschaftlichen
Arbeitsteilung zu suchen: der radikalen Trennung des unmittelbaren Produzenten

von seinem Arbeitsmittel und -gegenstand in bezug auf das Besitzverhältnis im Arbeitsprozeß" (Poulantzas 1978, S. 43).

Damals wurde „jedes *gemeinsame Interesse* (...) sofort von der Gesellschaft losgelöst, als höheres, allgemeines Interesse ihr gegenübergestellt, der Selbsttätigkeit der Gesellschaftsglieder entrissen und zum Gegenstand der Regierungstätigkeit gemacht" (MEW Bd. 8, S. 197). Damit gab sich die Staatsmacht jedoch nur „einen Anschein von Unparteilichkeit (...) Sie hielt die bestehende Unterordnung der Massen als unveränderliche Ordnung der Dinge und gesellschaftliche Tatsache aufrecht (...) Mit dem Eintritt der Gesellschaft selbst in eine neue Phase, die Phase des Klassenkampfes, mußte sich der Charakter ihrer organisierten öffentlichen Gewalt, der Staatsmacht, ebenfalls verändern (...) und mehr und mehr ihren Charakter als Werkzeug der Klassenherrschaft entwickeln, als die politische Maschine, die die Unterdrückung der Hervorbringer des Reichtums durch seine Aneigner, die ökonomische Herrschaft des Kapitals über die Arbeit mit Hilfe von Gewalt verewigt" (MEW Bd. 17, S. 593). Und nicht zuletzt die Erfahrungen aus der Niederlage der Pariser Kommune veranschaulichten den bürokratischen und militärischen Machtapparat des modernen Staates als eine „abscheuliche Maschine der Klassenherrschaft", die „es selbst zu zerbrechen" gelte (MEW Bd. 17, S. 541).

Die Erfahrungen der Pariser Kommune von 1871 waren es dann auch, die Marx und Engels dazu veranlassten, Aussagen des ‚Kommunistischen Manifests' zu ergänzen bzw. zu verdeutlichen und zu revidieren. Im ‚Manifest' ist „der erste Schritt in der Arbeiterrevolution die Erhebung des Proletariats zur herrschenden Klasse, die Erkämpfung der Demokratie" (MEW Bd. 4, S. 481). Im Zusammenhang mit der sozialökonomischen Machtzentralisation der Bourgeoisie wächst ja auch die Macht des Proletariats als Klasse. Dazu Engels: „Das Proletariat, weit entfernt davon, hierdurch benachteiligt zu sein, wird vielmehr erst durch diese Zentralisation in den Stand gesetzt, sich zu vereinigen, sich als Klasse zu fühlen, sich in der Demokratie eine angemessene politische Anschauungsweise anzueignen und endlich die Bourgeoisie zu besiegen." (MEW Bd. 4, S. 396 f.) Dies blieb freilich auch weiterhin proklamiertes Ziel; aber wenn man unter dem Motto „Eroberung der politischen Macht durch das Proletariat" ursprünglich meinte, die bestehende Staatsmaschine könne mit der Erhebung des Proletariats zur herrschenden Klasse in deren Besitz übergehen, so sah man sich inzwischen durch die Ereignisse des Kommune-Aufstandes in Frankreich belehrt. Es galt dort und gilt für Marx und Engels nun allgemein als Vorbedingung jeder wirklichen Volksvertretung auf dem Kontinent, die bestehende Staatsmaschine zunächst zu zerbrechen (MEW Bd. 17, S. 336). Im Vorwort zur zweiten deutschen Ausgabe des ‚Kommunistischen Manifests' ist dann auch vermerkt, dass das Manifest durch die Entwicklung der letzten 25 Jahre stellenweise überholt sei, und zwar konkret durch die immense

Fortentwicklung der großen Industrien und die hiermit verbundene fortschreitende Parteiorganisation der Arbeiterklasse sowie durch die praktischen Erfahrungen der Februarrevolution und vor allem der Pariser Kommune. „Namentlich hat die Kommune den Beweis geliefert, daß ,die Arbeiterklasse nicht die fertige Staatsmaschine einfach in Besitz nehmen und sie für ihre eigenen Zwecke in Bewegung setzen kann'." (MEW Bd. 18, S. 95 f.)

3.4   Der Staat als Zwangsinstrument – Friedrich Engels

Die Theorie der Zerschlagung des bürgerlich-kapitalistischen Staates, die empirisch auf die Erfahrungen in Frankreich zurückgeht, findet namentlich bei Friedrich Engels eine konzeptionelle Verallgemeinerung. Im ,Anti-Dühring' und im ,Ursprung der Familie, des Privateigentums und des Staats' stellt Engels den Zwangscharakter des Staates heraus. Der Zusammenhang von Arbeitsteilung, Klassenbildung und politischer Repressionsgewalt tritt hier in den Mittelpunkt. Der Staat entsteht – wie auch die Klassengesellschaft – auf einer bestimmten Stufe der Produktivitätsentfaltung einer Gesellschaft. Diese spaltet sich aufgrund der Arbeitsteilung in eine ausbeutende und eine ausgebeutete bzw. in eine herrschende und eine unterdrückte Klasse. Während die große Mehrheit ausschließlich der Arbeit verpflichtet ist, bildet sich, so Engels, „eine von direkt-produktiver Arbeit befreite Klasse, die die gemeinsamen Angelegenheiten der Gesellschaft besorgt: Arbeitsleitung, Staatsgeschäfte, Justiz, Wissenschaft, Künste usw. Das Gesetz der Arbeitsteilung ist es also, was der Klassenteilung zugrunde liegt. Aber das hindert nicht, daß diese Einteilung in Klassen nicht durch Gewalt und Raub, List und Betrug durchgesetzt worden und daß die herrschende Klasse, einmal im Sattel, nie verfehlt hat, ihre Herrschaft auf Kosten der arbeitenden Klasse zu befestigen und die gesellschaftliche Leitung umzuwandeln in Ausbeutung der Massen" (MEW Bd. 20, S. 262 f.).

Nach Engels ist der Staat das Produkt einer bestimmten Entwicklungsstufe der Arbeitsteilung, welche die Klassenbildung bewirkt; er ist, wie er im ,Ursprung der Familie, des Privateigentums und des Staats' vermerkt, „keineswegs eine der Gesellschaft von außen aufgezwungene Macht (…) Er ist vielmehr ein Produkt der Gesellschaft auf bestimmter Entwicklungsstufe; er ist das Eingeständnis, daß diese Gesellschaft sich in einen unlösbaren Widerspruch mit sich selbst verwickelt, sich in unversöhnliche Gegensätze gespalten hat, die zu bannen sie ohnmächtig ist" (MEW Bd. 21, S. 165). Zur Eindämmung dieser Gegensätze erweist sich eine scheinbar über der Gesellschaft stehende Macht als notwendig, „die den Konflikt dämpfen, innerhalb der Schranken der ,Ordnung' halten soll; und diese, aus der

Gesellschaft hervorgegangene, aber sich über sie stellende, sich ihr mehr und mehr entfremdende Macht ist der Staat" (ebd.).

Der Staat als das Produkt und die Äußerung der Unversöhnlichkeit der Klassengegensätze verkörpert letztlich Klassenherrschaft: „Da der Staat entstanden ist aus dem Bedürfnis, Klassengegensätze im Zaum zu halten, da er aber gleichzeitig mitten im Konflikt dieser Klassen entstanden ist, so ist er in der Regel Staat der mächtigsten, ökonomisch herrschenden Klasse, die vermittelst seiner auch politisch herrschende Klasse wird und so neue Mittel erwirbt zur Niederhaltung und Ausbeutung der unterdrückten Klasse." (MEW Bd. 21, S. 166 f.)

Damit ist der besondere Charakter des Staates bei Engels umrissen. Der „scheinbar" über der Gesellschaft stehenden Macht kommt primär eine Repressivfunktion zu, wodurch aber weder der spezifische Charakter, bürgerlicher Staat zu sein, noch jene strukturellen „Gesetze" erklärt werden können, die auf der Grundlage der immanenten Widersprüchlichkeit kapitalistischer Produktionsweise den Staat als Überbau, als abgehobene Form ihrer Vereinheitlichung hervorbringen. Dies wird im dritten Teil der Untersuchung aufgezeigt; hier soll nur die Problematik angerissen werden, die sich mit Engels' Staatsdefinition verbindet. Vor allem ist es der Allgemeinheitscharakter, der immer wieder zur Kritik herausforderte.[6] Denn indem der Staat im Wesentlichen durch die Errichtung einer öffentlichen Gewalt gekennzeichnet wird, bleibt Engels' Staatsdefinition abstrakt genug, um für alle Produktionsweisen Gültigkeit zu beanspruchen, die auf Klassenspaltung beruhen. Eine solche Definition umfasst den Staat der Sklavenhaltergesellschaft ebenso wie den der feudalen und der bürgerlichen Gesellschaft. Dies gründet darin, dass Engels das Wesen des Staates nicht aus einer Kritik der Politischen Ökonomie, sondern im Rahmen einer „Herrschaftssoziologie" entwickelt. So resultieren dann auch die grundlegenden ökonomischen Funktionen des Staatsapparats als *Folge* aus der Notwendigkeit, ihn als Zwangsapparat finanziell aufrechterhalten zu können, und zwar durch Beiträge der Staatsbürger – durch Steuern.

---

6 So beispielsweise Klaus Funken: Überlegungen zu einer marxistischen Staatstheorie. In: Braunmühl, Funken, Cogoy, Hirsch: Probleme einer materialistischen Staatstheorie. Frankfurt a. M. 1973, und Gert Schäfer: Einige Probleme des Verhältnisses von „ökonomischer" und „politischer" Herrschaft, in: Eike Hennig, Joachim Hirsch, Helmut Reichelt und Gert Schäfer (Hrsg.): Karl Marx/Friedrich Engels, Staatstheorie. Materialien zur Rekonstruktion der marxistischen Staatstheorie, Berlin 1974.

3.5   Staat und Revolution – Wladimir Iljitsch Lenin

Dass die bürgerliche Staatsmaschinerie zu zerbrechen sei, hat vor allem Lenin hervorgehoben. In der Zeitspanne zwischen der russischen Februarrevolution und der Oktoberrevolution verwies er stets erneut auf die Notwendigkeit eines Staates – allerdings nicht im Sinne der Bourgeoisie mit Machtorganen wie Polizei, Armee und Bürokratie, die vom Volk getrennt und ihm entgegengestellt seien. Eine solche Staatsmaschine war Lenin zufolge von den bürgerlichen Revolutionen nur immer mehr vervollkommnet worden. Und gerade deshalb, so heißt es in einem Brief, müsse das Proletariat, „wenn es die Errungenschaften der gegenwärtigen Revolu-tion [der Februarrevolution] behaupten will, wenn es Frieden, Brot und Freiheit erringen will, diese ‚fertige‘ Staatsmaschine (…) ‚zerbrechen‘ und sie durch eine neue ersetzen, bei der Polizei, Armee und Bürokratie mit dem *bis auf den letzten Mann bewaffneten Volk zu einer Einheit verschmolzen sind*“ (Werke Bd. 23, S. 340).

Was Lenin hier andeutet, findet sich detailliert in Lenins Schrift ‚Staat und Revolution‘, die er – verfolgt von der Kerenskij-Regierung – in der Emigration verfasste. Diese Schrift besteht aus Textauszügen und Kommentaren vor allem zu Engels' Ausführungen in den beiden Abhandlungen, die im Abschnitt zuvor aufgezeigt wurden, aber auch in Stellungnahme zu den konkret geschichtlichen Analysen der französischen Ereignisse, denen Marx nachgegangen ist. Wenn schon die Erfahrungen der Jahre 1848 bis 1851 daran gemahnten, die bürgerliche Staats-maschinerie zu zerschlagen, zu zerbrechen, so sind es Lenin zufolge vor allem die Erfahrungen der Pariser Kommune vom Jahre 1871, die den oben ausgeführten Gedanken bestätigten (Werke Bd. 25, S. 418). Das Resultat dieser Erfahrungen – die Veränderung, die Marx und Engels an ihrer Theorie der Übernahme des bürgerli-chen Staates durch die Arbeiterklasse vornahmen – wurde aufgezeigt. Festzuhalten bleibt an dieser Stelle, dass Lenin die neue Erkenntnis von der Unmöglichkeit der bloßen Umwandlung bzw. Übernahme des bürgerlichen Staates in seine Schrift ‚Staat und Revolution‘ aufgenommen hat.

Die theoretischen Passagen dieser Schrift gehen, wie erwähnt, namentlich auf Ausführungen im ‚Ursprung der Familie, des Privateigentums und des Staats‘ und im ‚Anti-Dühring‘ zurück. In diesen Passagen enthüllt sich der Staat als ein Produkt der Unversöhnlichkeit der Klassengegensätze, als ein Werkzeug zur Ausbeutung der unterdrückten Klasse, als welches er sich auch in der sogenannten bürgerlichen Demokratie darstellt. In diesem Zusammenhang unternimmt dann Lenin eine eingehende Analyse jener Stelle im ‚Anti-Dühring‘, in der Engels vom „Absterben“ des Staates spricht.

Um Lenins Argumentation verstehen zu können, soll zunächst der Wortlaut der Aussage Engels' gekürzt wiedergegeben werden: *„Das Proletariat ergreift die*

Staatsgewalt und verwandelt die Produktionsmittel zunächst in Staatseigentum. Aber damit hebt es sich selbst als Proletariat, damit hebt es alle Klassenunterschiede und Klassengegensätze auf, und damit auch den Staat als Staat. Die bisherige, sich in Klassengegensätzen bewegende Gesellschaft hatte den Staat nötig, das heißt eine Organisation der jedesmaligen ausbeutenden Klasse zur Aufrechterhaltung ihrer äußeren Produktionsbedingungen, also namentlich zur gewaltsamen Niederhaltung der ausgebeuteten Klasse in den durch die bestehende Produktionsweise gegebenen Bedingungen der Unterdrückung (…) Sobald es keine Gesellschaftsklasse mehr in der Unterdrückung zu halten gibt, sobald mit der Klassenherrschaft und dem in der bisherigen Anarchie der Produktion begründeten Kampf ums Einzeldasein auch die daraus entspringenden Kollisionen und Exzesse beseitigt sind, gibt es nichts mehr zu reprimieren, das eine besondere Repressionsgewalt, einen Staat, nötig machte. Der erste Akt, worin der Staat wirklich als Repräsentant der ganzen Gesellschaft auftritt – die Besitzergreifung der Produktionsmittel im Namen der Gesellschaft – ist zugleich sein letzter selbständiger Akt als Staat. Das Eingreifen einer Staatsgewalt in gesellschaftliche Verhältnisse wird auf einem Gebiete nach dem andern überflüssig und schläft dann von selbst ein. An die Stelle der Regierung über Personen tritt die Verwaltung von Sachen und die Leitung von Produktionsprozessen. Der Staat wird nicht ‚abgeschafft‘, er *stirbt ab.*" (MEW Bd. 20, S. 261 f.)

Erst auf den *nach*revolutionären, proletarischen Staat bezieht sich mithin das „Absterben", nicht auf den bourgeois-kapitalistischen Staat, der nur *gewaltsam* durch die proletarische Revolution „aufgehoben" werden kann. „Das Proletariat ergreift die Staatsgewalt und verwandelt die Produktionsmittel zunächst in Staatseigentum": Das ist nach Lenins Interpretation die „Aufhebung" des Staates der Bourgeoisie durch die proletarische Revolution. Zu unterscheiden hiervon ist der Satz: „Der Staat wird nicht ‚abgeschafft‘, er *stirbt ab.*" Das ist der allmählich sich vollziehende Prozess nach der proletarischen Revolution. Die Worte vom Absterben beziehen sich nach Lenin auf die „Überreste des *proletarischen* Staatswesens *nach* der sozialistischen Revolution" (Werke Bd. 25, S. 409). Lenin fasst zusammen: „Die Ablösung des bürgerlichen Staates durch den proletarischen ist ohne gewaltsame Revolution unmöglich. Die Aufhebung des proletarischen Staates, das heißt die Aufhebung jeglichen Staates, ist nicht anders möglich als auf dem Wege des ‚Absterbens‘." (Werke Bd. 25, S. 413)

Sodann stellt Lenin die Frage nach dem Zeitpunkt, an dem das Absterben des Staates erwartet werden kann. Marx und Engels haben sich zwar nicht eindeutig hierzu geäußert, Marx hat jedoch erklärt, dass zwischen der proletarischen Revolution und der vollendeten kommunistischen Gesellschaft eine Periode der revolutionären Umwandlung liege. Dieser entspreche als politischer Überbau die „revolutionäre Diktatur des Proletariats" (MEW Bd. 19, S. 28). Erst wenn die enteigneten Bourgeois

keine Macht mehr besäßen und die Gefahren der Restauration gänzlich beseitigt
seien, könne auch der proletarische Herrschaftsapparat abgebaut werden. Diese
Äußerung von Marx in dessen ‚Kritik des Gothaer Programms' hat Lenin ebenso
herangezogen wie eine Stelle des ‚Kommunistischen Manifests', wo es heißt: „Das
Proletariat wird seine politische Herrschaft dazu benutzen, der Bourgeoisie nach
und nach alles Kapital zu entreißen, alle Produktionsinstrumente in den Händen
des Staats, das heißt des als herrschende Klasse organisierten Proletariats zu zen-
tralisieren und die Masse der Produktionskräfte möglichst rasch zu vermehren."
(MEW Bd. 4, S. 481) In beiden Aussagen verdeutlichte sich für Lenin die Idee der
„Diktatur des Proletariats". Hierauf stützte er sich, als er die Theorie der zwei Phasen
der nachrevolutionären Gesellschaft entwickelte.

In der ersten Phase, der „sozialistischen Gesellschaft" (Sozialismus), seien die
Produktionsmittel vergesellschaftet und alle Menschen in werktätige Angestellte
der Gemeinschaft verwandelt, die entsprechend ihren Leistungen entlohnt würden.
Nach der Vergesellschaftung des Eigentums an den Produktionsmitteln könnten
also die Arbeiter nicht den vollen Arbeitsertrag erhalten. Ihnen komme nur das
zu, was nach Abzug eines Reservefonds für die Ausdehnung der Produktion usw.
übrig bleibe. Die Verteilung dieses Ertrags erfolge aber nach dem Prinzip der
Gleichheit: gleicher Lohn für gleiche Arbeit, aber ungleicher Lohn für ungleiche
Arbeit. Diese materiale Ungleichheit oder formelle Gleichheit bedeute, dass der enge
bürgerliche Rechtshorizont noch nicht überschritten sei. In dieser ersten Phase der
nachrevolutionären Gesellschaft werde das bürgerliche Recht noch nicht vollständig
abgeschafft, sondern nur insoweit, als es der bereits erreichten ökonomischen Umwälzung entspreche, sich also konkret auf die Produktionsmittel beziehe (Werke
Bd. 25, S. 481). Daher müsse auch der Staatsapparat noch aufrechterhalten bleiben,
um dafür zu garantieren, dass die Normen erfüllt werden.

Erst in einer zweiten, höheren Phase der nachrevolutionären Gesellschaft
entfalle die Notwendigkeit des Staatsapparats. Voraussetzung hierfür sei „eine so
hohe Entwicklung des Kommunismus, daß der Gegensatz von geistiger und körperlicher Arbeit verschwindet, folglich eine der wichtigsten Quellen der heutigen
gesellschaftlichen Ungleichheit beseitigt wird" (Werke Bd. 25, S. 482). In dieser
zweiten Phase könne die Verteilung nach den „Bedürfnissen" (jeder nach seinen
Fähigkeiten – jedem nach seinen Bedürfnissen) eingeführt werden. Die Arbeit
werde dann „das erste Lebensbedürfnis", was schon Marx in seiner ‚Kritik des
Gothaer Programms' herausgestellt hatte. Dort heißt es: „In einer höheren Phase
der kommunistischen Gesellschaft, nachdem die knechtende Unterordnung der
Individuen unter die Teilung der Arbeit, damit auch der Gegensatz geistiger und
körperlicher Arbeit verschwunden ist; nachdem die Arbeit nicht nur Mittel zum
Leben, sondern selbst das erste Lebensbedürfnis geworden; nachdem mit der

allseitigen Entwicklung der Individuen auch die Produktionskräfte gewachsen und alle Springquellen des genossenschaftlichen Reichtums voller fließen – erst dann kann der enge bürgerliche Rechtshorizont ganz überschritten werden und die Gesellschaft auf ihre Fahnen schreiben: Jeder nach seinen Fähigkeiten, jedem nach seinen Bedürfnissen!" (MEW Bd. 19, S. 21)

Während sich Lenin in der Auffassung der höheren Phase der kommunistischen Gesellschaft so eng wie möglich an Marx anschloss, unterscheidet er sich vor allem in seinem Diktaturbegriff von Marx. Es soll an dieser Stelle nicht näher auf den Sachverhalt eingegangen, sondern nur angedeutet werden, dass der Diktaturbegriff bei Lenin wesentlich enger als bei Marx gefasst ist. Diktatur der Klasse – das bedeutet für Marx nur eine Umschreibung der These, dass jeder Staatsapparat letztlich Instrument einer dominierenden Klasse ist. Lenin indes hat „den Diktaturbegriff", so Iring Fetscher (1967, S. 149), „technisch als Ausübung einer an keinerlei Gesetzgebung gebundenen Macht durch eine bevollmächtigte Minderheit gedeutet" und damit faktisch schon die ideologische Rechtfertigung für die Minderheitsherrschaft der bolschewistischen Partei im Namen der russischen Werktätigen geliefert.

Dass sich der Herrschaftsapparat einer Minderheitsdiktatur bald auch gegenüber ihrem sozialen Träger verselbstständigen würde, hat bereits Rosa Luxemburg 1919 prophezeit (Politische Schriften 1971, S. 83 ff.); Lenin glaubte allerdings noch an eine demokratische Ordnung, in welcher der Staat allmählich „absterbe". „Je demokratischer der ,Staat', der aus bewaffneten Arbeitern besteht und der ,schon kein Staat im eigentlichen Sinne' mehr ist, um so rascher beginnt *jeder* Staat abzusterben", so heißt es in Lenins Schrift ,Staat und Revolution'. Unter dem späten Stalin wurde die These vom „Absterben des Staates" endgültig aufgegeben: „Engels sagte in seinem ,Anti-Dühring', daß der Staat nach dem Siege der sozialistischen Revolution absterben muß. Auf dieser Grundlage begannen nach dem Siege der sozialistischen Revolution in unserem Lande Buchstabengelehrte und Talmudisten aus unserer Partei zu fordern, die Partei solle Maßnahmen treffen zum schnellsten Absterben unseres Staates, zur Auflösung der Staatsorgane, zum Verzicht auf ein stehendes Heer. Doch die sowjetischen Marxisten gelangten aufgrund des Studiums der Weltlage unserer Zeit zu dem Schluß, daß beim Vorhandensein der kapitalistischen Umkreisung (…) das Land der siegreichen Revolution seinen Staat, die Staatsorgane, die Organe des Abwehrdienstes, die Armee nicht schwächen darf, sondern sie mit allen Mitteln stärken muß (…)" (Stalin 1955, S. 60 f.)

Die Staatstheorie und die kapitalistische Produktionsweise

4

Die dritte – und bedeutsamste – Variante der Staatstheorie gründet auf jenen Ansätzen der ökonomischen Schriften von Marx und Engels, welche die Entwicklung der Staatsfunktionen und des Staatsapparates im Zusammenhang mit der Vergesellschaftung der kapitalistischen Produktion analysieren. Wie in der Einleitung erwähnt, kam das von Marx geplante Buch über diese Thematik nicht mehr zustande. Es muss deshalb der theoretische Ansatz aus den Vorwegnahmen des Buches über den Staat rekonstruiert werden. Diese Vorwegnahmen liegen vor allem im ‚Kapital‘ vor, dem sich die Darstellung im Zusammenhang mit Marx' ‚Grundrissen der Kritik der Politischen Ökonomie‘ (dem Rohentwurf zum ‚Kapital‘) nachfolgend zuwendet. In diesem Rahmen werden auch all jene marxistischen Konzeptionen anzusprechen sein, die das Phänomen der Tauschgesellschaft behandeln und, wie die Theorie des staatsmonopolistischen Kapitalismus oder die politische Krisentheorie, das Verhältnis von Politik und Ökonomie neu zu bestimmen suchen.

4.1   Basis und Überbau

Um das zuletzt angesprochene Verhältnis von Politik und Ökonomie besser beurteilen zu können, sei zunächst die bekannte Basis-Überbau-Beziehung aufgezeigt, wie sie sich in den Aussagen von Marx und Engels findet. Diese Aussagen beinhalten die Schriften nach der Jahrhundertmitte, in denen die ökonomischen Grundlagen der Interpretationen von Marx und Engels immer plastischer hervortreten. Vor allem die Klassenkämpfe in Frankreich, deren Betrachtung aufgezeigt wurde, zeichnen hierfür verantwortlich. Die von Engels rückblickend herausgestellte Tatsache, dass zwischen 1830 und 1871 die wirtschaftliche Entwicklung auf dem Kontinent noch bei Weitem nicht den Stand für eine Beseitigung der kapitalistischen Produktion

© Springer Fachmedien Wiesbaden GmbH, ein Teil von Springer Nature 2018
W. Röhrich, *Karl Marx und seine Staatstheorie*,
https://doi.org/10.1007/978-3-658-21482-1_4

erreicht habe (MEW Bd. 7, S. 516), veranlassten Marx und Engels dazu, die ökonomischen Bedingungen der kapitalistischen Gesellschaft näher zu ergründen. Bereits in Marx' ,Kritik der Politischen Ökonomie' (1859) liegt die Betonung auf der ökonomischen Struktur der Gesellschaftsformationen. Im Vorwort, in dem Marx – wie im ersten Teil dieser Untersuchung kurz angesprochen – den Gang seiner Studien und deren allgemeinstes Resultat andeutet, heißt es: „In der gesellschaftlichen Produktion ihres Lebens gehen die Menschen bestimmte, notwendige, von ihrem Willen unabhängige Verhältnisse ein, Produktionsverhältnisse, die einer bestimmten Entwicklungsstufe ihrer materiellen Produktivkräfte entsprechen. Die Gesamtheit dieser Produktionsverhältnisse bildet die ökonomische Struktur der Gesellschaft, die reale Basis, worauf sich ein juristischer und politischer Überbau erhebt, und welcher bestimmte gesellschaftliche Bewußtseinsformen entsprechen. Die Produktionsweise des materiellen Lebens bedingt den sozialen, politischen und geistigen Lebensprozeß überhaupt. Es ist nicht das Bewußtsein der Menschen, das ihr Sein, sondern umgekehrt ihr gesellschaftliches Sein, das ihr Bewußtsein bestimmt." (MEW Bd. 13, S. 8 f.)

Die materialistische Geschichtsauffassung, die in diesem berühmten Zitat zum Ausdruck kommt, greift also auf die ökonomische Struktur der Gesellschaft zurück. Das gesellschaftliche Leben der Menschen ist in allen seinen Bereichen ökonomisch bedingt; es hängt von der Gestaltung der Produktionsverhältnisse ab, sodass Produktion und Distribution die Grundlage aller Gesellschaftsordnung bilden. Im ,Anti-Dühring' hat Engels diesen Kerngedanken auf den Satz zurückgeführt, dass die Basis aller Gesellschaftsordnung einschließlich ihrer sozialen Gliederung in Klassen oder Stände durch die Art der Produktion und die Verteilung der Produkte bestimmt werde, es also darum gehe, was und wie produziert und ausgetauscht werde (MEW Bd. 20, S. 248). Und wenige Jahre nach Drucklegung dieser Aussage, in seiner Rede am Grab von Marx, hat Engels den anthropologischen Grund dieser determinativen Kraft der Ökonomie dahingehend umschrieben, „daß die Menschen vor allen Dingen zuerst essen, trinken, wohnen und sich kleiden müssen, ehe sie Politik, Wissenschaft, Kunst, Religion usw. treiben können" (MEW Bd. 19, S. 335).

Den von Engels angesprochenen Kerngedanken des „ökonomischen Determinismus" hat Marx, wie im einzelnen noch aufzuzeigen ist, im Zusammenhang mit dem „Herrschafts- und Knechtschaftsverhältnis" stets erneut hervorgehoben, wobei er auf jene „Mehrarbeit" verwies, die sich im „Mehrwert" vergegenständlicht. Im dritten Band des ,Kapitals' heißt es: „Die spezifische ökonomische Form, in der unbezahlte Mehrarbeit aus den unmittelbaren Produzenten ausgepumpt wird, bestimmt das Herrschafts- und Knechtschaftsverhältnis, wie es unmittelbar aus der Produktion selbst hervorwächst und *seinerseits bestimmend auf sie zurückwirkt*. Hierauf aber gründet sich die ganze Gestaltung des ökonomischen, aus den Produktionsverhältnissen selbst hervorwachsenden Gemeinwesens und damit zugleich seine spezifische politische Gestalt. Es ist jedesmal das unmittelbare Verhältnis der Eigentümer der Produktionsbedingungen zu den unmittelbaren Produzenten (...), worin wir das innerste Geheimnis, die verborgene Grundlage der ganzen gesellschaftlichen Konstruktion und daher auch der politischen Form des Souveränitäts- und Abhängigkeitsverhältnisses, kurz, der jedesmaligen spezifischen Staatsform finden." (MEW Bd. 25, S. 799 f.)

Der Text wurde nicht von ungefähr an einer Stelle hervorgehoben. Für Marx und Engels war der *wechselseitige Einfluss* von Politik und Ökonomie bedeutsam. Vor allem Engels war es, der in seinen späten Briefen immer wieder eine einseitige Ableitung kritisierte. In einem dieser Briefe schreibt Engels: „Nach materialistischer Geschichtsauffassung ist das in *letzter Instanz* bestimmende Moment in der Geschichte die Produktion und Reproduktion des wirklichen Lebens (...) Die ökonomische Lage ist die Basis, aber die verschiedenen Momente des Überbaus (...) üben auch ihre Einwirkung auf den Verlauf der geschichtlichen Kämpfe aus und bestimmen in vielen Fällen vorwiegend deren *Form*. Es ist eine Wechselwirkung aller dieser Momente, worin schließlich durch alle die unendliche Menge von Zufälligkeiten (...) als Notwendiges die ökonomische Bewegung sich durchsetzt" (MEW Bd. 37, S. 463). Und in einem anderen Brief, in dem an Conrad Schmidt, vermerkt Engels: „Die Gesellschaft erzeugt gewisse gemeinsame Funktionen, deren sie nicht entraten kann. Die hierzu ernannten Leute bilden einen neuen Zweig der Teilung der Arbeit *innerhalb der Gesellschaft*. Sie erhalten damit besondre Interessen auch gegenüber ihren Mandataren, sie verselbständigen sich ihnen gegenüber, und – der Staat ist da (...) Die neue selbständige Macht hat zwar im ganzen und großen der Bewegung der Produktion zu folgen, reagiert aber auch, kraft der ihr innewohnenden (...) Selbständigkeit, wiederum auf den Gang der Produktion:" (MEW Bd. 37, S. 490)

Die ökonomische Determination ist also keine total durchgängige; sie lässt vielmehr Raum für eine regionale Autonomie der nichtökonomischen Tätigkeitsbereiche. Dementsprechend ist für Engels die Ökonomie lediglich eine „letzte Instanz", was eine Bekräftigung des Determinationsprinzips in der ,Deutschen Ideologie' bedeutet. Auch in dieser Frühschrift von 1845 wurde ja nach Feststellung des fundamentalen Dependenzverhältnisses betont, dass die „Sache in ihrer Totalität (und darum auch die Wechselwirkung dieser verschiedenen Seiten aufeinander)" betrachtet werden müsse (MEW Bd. 3, S. 37 f.). Engels kommt somit allein das Verdienst zu, in seinen späten Briefen erneut auf die *Wechselwirkung* der erwähnten Momente verwiesen zu haben.

Dies festzuhalten ist wichtig. Denn es hat an Versuchen nicht gefehlt, die Wechselbeziehung zwischen Wirtschaft und Staat zugunsten einer relativen Selbstständigkeit des Staates zu modifizieren. Die Theorie des staatsmonopolistischen Kapitalismus kann als besonders repräsentativ hierfür angesehen werden. Dieser Theorie zufolge – so viel zur allgemeinen Kennzeichnung – ist die Phase des kapitalistischen Weltsystems durch drei unterschiedliche Faktoren bestimmt, deren jeweiliger Stellenwert innerhalb der Gesamttheorie jedoch nicht einheitlich beurteilt wird: Zum ersten wird die Verschärfung des kapitalistischen Grundwiderspruchs zwischen dem gesellschaftlichen Charakter von Produktion und Produktivkräften und den durch die private Aneignung der Produkte dieser gesellschaftlichen Produktion charakterisierten Produktionsverhältnissen betont; zum zweiten stellt die Theorie als Hauptwiderspruch die Konkurrenz zwischen kapitalistischem und sozialistischem Weltsystem heraus; und zum dritten wird die wissenschaftlich-technische Revolution unterstrichen, die für die Weltsysteme neue Anforderungen stelle. Dementsprechend wird die Entwicklung des staatsmonopolistischen Kapitalismus als Reaktion auf einen doppelten Druck angesehen: auf die durch die Existenz des „realen Sozialismus" auf ihn wirkenden Einflussfaktoren und auf die inneren Gesellschaftskonflikte, die mit der wissenschaftlich-technischen Revolution verstärkt zu einer sozialistischen Lösung drängen.

Die Stamokap-Theorie kann im Rahmen dieses Bandes nur in einigen wenigen Punkten angesprochen werden. Der Punkt, der hier interessiert, ist jene Verschiebung innerhalb der Basis-Überbau-Beziehung, welche die betreffenden Theoretiker herausstellen, um die staatsmonopolistische Etappe des Imperialismus zu kennzeichnen. Dabei beruft sich die Theorie des staatsmonopolistischen Kapitalismus – in den meisten ihrer Varianten – auf Lenin. In seiner Schrift ‚Der Imperialismus als höchstes Stadium des Kapitalismus' (1917) vertrat Lenin die These, dass der Imperialismus das monopolistische Stadium des Kapitalismus sei. Insgesamt waren für Lenin fünf Merkmale für den Imperialismus kennzeichnend: „Erstens: Konzentration der Produktion und des Kapitals, die eine so hohe Entwicklungsstufe erreicht hat, daß sie Monopole schafft, die im Wirtschaftsleben die entscheidende Rolle spielen; zweitens: Verschmelzung des Bankkapitals mit dem Industriekapital und Entstehung einer Finanzoligarchie auf der Basis dieses ‚Finanzkapitals'; drittens: der Kapitalexport, zum Unterschied vom Warenexport, gewinnt besonders wichtige Bedeutung; viertens: es bilden sich internationale monopolistische Kapitalistenverbände, die die Welt unter sich teilen, und fünftens: die territoriale Aufteilung der Erde unter die kapitalistischen Großmächte ist beendet." (Werke Bd. 22, S. 271)

Stellte Lenin die Herausbildung des Monopols als Konsequenz und Negation der freien Konkurrenz als eine epochale Anpassungsleistung des Kapitals an die gewandelten Verwertungsbedingungen dar, so erkennen andere Stamokap-Theoretiker im staatsmonopolistischen Kapitalismus eine Antwort auf die systemgefährdende Verdichtung der sozialökonomischen Widersprüche im Ersten Weltkrieg und die Verschärfung der Krisenhaftigkeit des kapitalistischen Systems in der Folgezeit.

Der staatsmonopolistische Kapitalismus sei gegenüber dem „einfachen" Monopol-kapitalismus dadurch gekennzeichnet, dass der imperialistische Staat nunmehr voll vom Monopolisierungsprozess erfasst und unmittelbar in den Produktions- und Reproduktionszusammenhang einbezogen werde. Daraus erkläre sich die wechselseitige Abhängigkeit zwischen Wirtschaft und Politik, wie sie beispielsweise die Ökonomen der Kommunistischen Partei Frankreichs verfolgten. Staat und Monopol seien eine „widersprüchliche Einheit". Die staatsmonopolistische Phase erscheine als Weiterentwicklung des einfachen Monopolkapitalismus wie auch als Bruch mit demselben. Und zwar sei er Weiterentwicklung im Sinne der immer stärker werdenden Vorherrschaft der Monopole über die ganze Gesellschaft und damit auch über den Staatsapparat; der Bruch liege darin, dass der Staat trotz seiner zunehmenden Verflechtung mit den Monopolen seine eigene Rolle ausweite.

Weiter unten soll die besondere Problematik der Stamokap-Theorie im Zusammenhang mit dem Wertgesetz nochmals erwähnt werden; an dieser Stelle lässt sich die ökonomische Potenz des Staates isoliert betrachten. Der bürgerliche Staat ragt der Theorie des staatsmonopolistischen Kapitalismus zufolge in die monopolka-pitalistische Basis hinein – als direkter Teilnehmer an den gesamten Produktions-verhältnissen und insbesondere als „integrierende Kraft" in der kapitalistischen Wirtschaft. Aus dieser integrierenden Kraft werde schließlich ein „Instrument". Die Entwicklung des staatsmonopolistischen Kapitalismus verstärke „die gegenseitige Überlagerung der ökonomischen Basis der Gesellschaft und des staatlichen Über-baus sowie die zunehmenden wechselseitigen Beziehungen zwischen Ökonomie und Politik". In diesem Sinne habe der staatsmonopolistische Kapitalismus die „Voraussetzungen für eine Stärkung der zentralen Macht des Staates" geschaffen. Mehr denn je sei dieser „Instrument der politischen und ökonomischen Klassen-herrschaft der Monopolbourgeoisie".

Mit der relativen Selbstständigkeit des Staates in Form der Stärkung seiner zentralen Macht verbinde sich also eine Instrumentalisierung im Zuge der ökonomischen Klassenherrschaft der Monopolbourgeoisie. Diese Aussage vom Staat als Instrument der herrschenden Klasse – damit zur Kritik an der Stamokap-Theorie – enthält im Rahmen der marxistischen Staatstheorie nur eine Teilwahrheit über den kapitalistischen Staat, die sogar falsch wird, wenn man aus ihr folgert, der Staat ließe sich als Instrument der Monopole zur langfristigen allumfassenden Regulierung des Kapitalismus einsetzen. In Verbindung mit der Interpretation des Staates als ideeller oder wirklicher Gesamtkapitalist soll die Erklärung hier-für nachgeholt werden. An dieser Stelle muss der Hinweis genügen, dass die von Marx und Engels herausgestellte Basis-Überbau-Beziehung stark modifiziert wird und – was schwerer wiegen dürfte – die Stamokap-Theorie das Instrument Staat voraussetzt und nicht aus den materiellen Reproduktionsbedingungen der kapitalistischen Warenproduktion heraus entwickelt. Bezogen auf die verschiedenen Monopole entspricht die Konzeption der relativen Selbstständigkeit des Staates in der Stamokap-Theorie dem Modell eines Kräfteparallelogramms, in dem, so Josef Esser (1975, S. 113), „Monopole untereinander und Staat und Monopole zusammen in einem ständigen Prozeß von Druck und Gegendruck versuchen, sowohl das langfristige Interesse an der Existenzsicherung des kapitalistischen Gesamtsystems, als auch die einzelnen Profitinteressen jeweils auf optimale Weise durchzusetzen".

4.2   Der Staat in der Tauschgesellschaft

Um die Funktionen des Staatsapparats für die Produktion, die Zirkulation und die jeweils besonderen Bedingungen der Kapitalverwertung im Einzelnen verstehen zu können, muss man sich dem Phänomen der Tauschgesellschaft bei Marx zuwenden. Hierbei lässt sich von der einfachsten ökonomischen Kategorie ausgehen, von der her für Marx die bürgerliche Gesellschaft und ihre politischen und ideologischen Ausdrucksformen aufzuschlüsseln sind. Gemeint ist die „Warenform des Arbeitsprodukts oder die Wertform der Ware" (MEW Bd. 23, S. 12). Die Ware besitzt einen Doppelcharakter: Sie ist Gebrauchswert und zugleich Äquivalent eines bestimmten Quantums gesellschaftlich notwendiger Arbeitszeit. Während also die Waren einerseits als *Gebrauchswerte* je individuelle, zumeist körperlich fassbare Dinge darstellen, treten sie andererseits als *Tauschwerte* in Erscheinung, die sich nach der zu ihrer Produktion durchschnittlich aufgewandten Arbeitszeit bemessen. Bereits hier zeigt sich für Marx die bürgerliche Ideologie: Der „Austausch von Tauschwerten ist die produktive, reale Basis aller *Gleichheit* und *Freiheit*", doch „gerade das Gegenteil der antiken Freiheit und Gleichheit"; als „reine Ideen" gefasst, wie sie faktisch vorherrschen, sind sie „bloß idealisierte Ausdrücke" des Austauschs von Tauschwerten: „Entwickelt in juristischen, politischen, sozialen Beziehungen sind sie nur diese Basis in einer andren Potenz." (MEW Bd. 42, S. 170)

Das Begreifen der bürgerlichen Ideologie muss also mit den Erscheinungsformen des Äquivalententauschs beginnen. Denn was als eine *Natur*eigenschaft der Ware in ihrem Doppelcharakter erscheint, ist in Wirklichkeit eine gesellschaftliche Eigenschaft, ein Produktionszusammenhang von Privatarbeiten. Diese gesellschaftlich miteinander verbundenen Privatarbeiten treten in waren- und geldvermittelte Beziehungen, die in Wirklichkeit keine Privat-, sondern gesellschaftliche Beziehungen darstellen. Hierin verdeutlicht sich die Eigenart der Ware. Der besondere, „geheimnisvolle" Charakter der Ware zeige sich darin, „daß sie den Menschen die gesellschaftlichen Charaktere ihrer eigenen Arbeit als gegenständliche Charaktere der Arbeitsprodukte selbst, als gesellschaftliche Natureigenschaften dieser Dinge zurückspiegelt (...) Durch dies Quidproquo werden die Arbeitsprodukte Waren, sinnlich übersinnliche oder gesellschaftliche Dinge" (MEW Bd. 23, S. 86). Die Warenform und das Wertverhältnis der Arbeitsprodukte, worin sich die Warenform darstellt, sind mit ihrer physischen Natur und den daraus entspringenden dinglichen Beziehungen absolut nicht identisch. Es ist Marx zufolge allein das bestimmte gesellschaftliche Verhältnis der Menschen selbst, das hier für sie die „phantasmagorische Form" eines Verhältnisses von Dingen annimmt. Um eine Analogie zu finden, müsse man in die Nebenreligionen der religiösen Welt ausweichen. Wie dort die Produkte des menschlichen Kopfes als selbstständige Gestalten mit „eigenem Leben" erfüllt schienen, so seien es in der Warenwelt die Produkte der menschlichen Hand. Marx spricht diesbezüglich vom „Fetischismus", der den „Arbeitsprodukten anklebt, sobald sie als Waren produziert werden, und der daher von der Warenproduktion unzertrennlich ist" (MEW Bd. 23, S. 86 f.).

Die vom Menschen erzeugten, aber nicht beherrschten Produktionszusammenhänge erscheinen so dem Produzenten „nicht als unmittelbar gesellschaftliche Verhältnisse der Personen in ihren Arbeiten selbst, sondern vielmehr als sachliche Verhältnisse der Personen und gesellschaftliche Verhältnisse der Sachen" (MEW Bd. 23, S. 87). Und: „Erst innerhalb ihres Austauschs erhalten die Arbeitsprodukte eine von ihrer sinnlich verschiedenen Gebrauchsgegenständlichkeit getrennte gesellschaftlich gleiche Wertgegenständlichkeit" (ebd.). Dies alles hat nun für den Arbeiter insofern negative Folgen, als er formell zwar als freier Arbeiter, de facto aber als Verkäufer seiner Arbeitskraft auf dem Markt vom Produktionsmittelbesitzer abhängig ist. Zur vollen Ausprägung gelangt dieses Verhältnis erst in der kapitalistischen Epoche, wie Marx im ‚Kapital' betont. Diese ist dadurch charakterisiert, „daß die Arbeitskraft für den Arbeiter selbst die Form einer ihm gehörigen Ware, seine Arbeit daher die Form der Lohnarbeit erhält", erst von diesem Augenblick an verallgemeinere sich die „Warenform der Arbeitsprodukte" (MEW Bd. 23, S. 184). Dementsprechend bezeichnet Marx die Warenform auch als die historisch-spezifische Form der kapitalistischen Produktionsweise, als deren Zellenform. Wie Josef Esser (1975, S. 151) zu Recht vermerkt, geht seine Kapitalanalyse davon aus, „daß in der Warenform des Produkts die Grundlage der sich entwickelnden kapitalistischen Struktur bereits angelegt sei".

Namentlich der entwickelte Kapitalismus bildet Marx zufolge die Grundlage einer warenproduzierenden Gesellschaft, die beständig Rechts-, Gleichheits- und Freiheitsvorstellungen erzeugt. Hier sei eine Stelle aus dem ‚Kapital' zitiert, in der dies – bedingt durch den „Arbeitslohn" als die wohl wichtigste ideologische Daseins- und Bewußtseinsform der kapitalistischen Gesellschaft – zum Ausdruck kommt: Marx unterstreicht hier „die entscheidende Wichtigkeit der Verwandlung von Wert und Preis der Arbeitskraft in die Form des Arbeitslohns oder in Wert und Preis der Arbeit selbst. Auf dieser Erscheinungsform, die das wirkliche Verhältnis unsichtbar macht und gerade sein Gegenteil zeigt, beruhen alle Rechtsvorstellungen des Arbeiters wie des Kapitalisten, alle Mystifikationen der kapitalistischen Produktionsweise, alle ihre Freiheitsillusionen, alle apologetischen Flausen der Vulgärökonomie" (MEW Bd. 23, S. 552).

Hier liegen mithin die liberalen und demokratischen Ideologien des Kapitalismus. Diese sind allein Überbau und idealer Schein der ökonomisch bestimmten Klassenherrschaft; und diese wiederum hat ihre reale Grundlage in den Austauschformen der Warenbesitzer. Sie sind „frei" und „gleich", wenn man den Zirkulationsschein des Äquivalententauschs, d. h. den demokratischen Schein kapitalistischer Klassenherrschaft nicht durchschaut. Und gerade dieser demokratische Schein besitzt als liberale und demokratische Ideologie des Kapitalismus eine „sinnstiftende" gesellschaftliche Relevanz. So gilt für die Erscheinungsform „Wert und Preis der Arbeit" oder „Arbeitslohn" dasselbe, was für alle Erscheinungsformen und ihren verborgenen Hintergrund zutrifft: Sie reproduzieren „sich unmittelbar spontan, als gang und gäbe Denkformen (...)" (MEW Bd. 23, S. 564). Entsprechend solcher Denkkategorien löscht die Form des Arbeitslohns „jede Spur der Teilung des Arbeitstags in notwendige Arbeit und Mehrarbeit, in bezahlte und unbezahlte Arbeit aus. Alle Arbeit erscheint als bezahlte Arbeit" (MEW Bd. 23, S. 562). Dementsprechend besitzt der Kauf von Arbeitskraft im Arbeitsvertrag allein den Charakter eines Äquivalententauschs: „Der Käufer gibt eine gewisse Geldsumme, der Verkäufer einen von Geld verschiedenen Artikel. Das Rechtsbewußtsein erkennt hier höchstens einen stofflichen Unterschied, der sich ausdrückt in den rechtlich äquivalenten Formeln: Do ut des, do ut facias, facio ut des und facio ut facias [zu Deutsch: Ich gebe, damit du gibst; ich gebe, damit du tust; ich tue, damit du gibst und ich tue, damit du tust]." (MEW Bd. 23, S. 563) Der äußerlich als Äquivalententausch erscheinende Austausch zwischen Kapital und Arbeit verkehrt ihn dann im Endresultat zum Gegenteil davon, nämlich zur Rechtsbasis von Ausbeutung.

Diesen Umstand haben neuere Interpreten der Staatstheorie von Marx besonders hervorgehoben. Im Tauschakt – so der Argumentationsduktus – treten sich die Warenbesitzer als handelnde Subjekte gegenüber, die einander als Privateigentümer anerkennen, das Eigentum also in den Rang eines Grundrechts erheben. Wenn man die Willenskonvergenz der Zirkulationsagenten in eine allgemeingültige Form kleide, so könne von einem ausgebildeten Rechtssystem gesprochen werden. Die Willenskonvergenz in Form eines Vertrags begründet Wolf-Dieter Narrs Sammelwerk (1975) zufolge dann den Zwang: Das heißt, es wird nach dieser Interpretation eine „außerökonomische Zwangsgewalt" zum Zwecke der Garantie des Rechtsverhältnisses notwendig. Diese Interpretation deckt sich mit der des russischen Rechtshistorikers Paschukanis, der bereits 1929 (S. 144) betonte, dass „die Organisation des äußeren Zwanges ein wesentlicher Aspekt der Rechtsform" sei.

Neben Geld und Recht wird eine dritte Grundfunktion in einer warenproduzierenden Gesellschaft notwendig, nämlich die Funktion der Gewalt, welche die Aufrechterhaltung der Warenproduktion garantiert. Diese besondere Politikform lässt sich mit Josef Esser (1975, S. 158) als eine klassenspezifische bezeichnen: „Indem sie nämlich mittels Gewalt den friedlichen Äquivalententausch der formal gleichen Warenbesitzer: Lohnarbeiter und Kapitalisten garantiert, garantiert sie zugleich den im kapitalistischen Produktionsprozeß erzeugten Klassenantagonismus." Neben die Herrschaft der Kapitalisten über die Lohnarbeiter, die daraus resultiere, dass letztere um der Erhaltung ihrer Existenz willen den Mehrwert der ersteren erhöhen, trete damit eine zweite, allgemeine politische Herrschaftsform, die den kapitalistischen Produktionsprozess als solchen aufrechterhalte und abschirme. Dieser Klassencharakter der Politik ist – so Esser – jedoch keinem der Beteiligten subjektiv bewusst, und dies deshalb, weil sich Lohnarbeiter und Kapitalisten durch den Mystifizierungsprozess als formal freie und gleiche Tauschpartner empfinden und die den Äquivalententausch garantierende Politik als klassenneutrale Einrichtung erscheint. Insofern stellt das Verhältnis der politischen Form zum ökonomischen Reproduktionsprozess ein diesem Reproduktionsprozess äußerliches Verhältnis dar. Die Notwendigkeit der außerökonomischen Gewalt resultiert aus den Konflikten, die im Produktionsprozess entstehen. In diesen Konflikten bezieht die Politik nicht unmittelbar Partei für bestimmte Einzelkapitale. Aufgrund ihrer Abhängigkeit vom gesamten Produktionsprozess orientiert sich ihr Eingreifen vielmehr an der Funktionsfähigkeit der kapitalistischen Warenproduktion als ganzer. Hier zeigt sich der Unterschied zur Stamokap-Theorie, die – wie erwähnt – das ökonomische Monopol als Kern bzw. Grundlage der imperialistischen Phase des Kapitalismus herausstellt und den Staat als das Instrument der herrschenden Monopole betrachtet.

Nach dieser Klarlegung der Staatsfunktion in der Tauschgesellschaft kann man sich dieser selbst nochmals zuwenden. Die oben skizzierte Deutung von Marx findet sich auch in den ‚Grundrissen der Kritik der Politischen Ökonomie'. Hier wird gleichermaßen die scheinbare Versachlichung der gesellschaftlichen Beziehungen der Menschen in der bürgerlichen Gesellschaft angesprochen, die dem Anschein nach im Kapitalismus nicht mehr, wie im Feudalismus, von Machtstrukturen durchzogen sind. „Im Geldverhältnisse, im entwickelten Austauschsystem (…) sind in der Tat die Bande der persönlichen Abhängigkeit gesprengt, zerrissen, Blutsunterschiede, Bildungsunterschiede etc. (…); und die Individuen *scheinen* unabhängig (…), frei aufeinander zu stoßen und in dieser Freiheit auszutauschen." (MEW Bd. 42, S. 156) Zu dieser Freiheit gesellt sich die Gleichheit. Da der Austausch primär von Geld – dem Inbegriff der Tauschwerte – vermittelt wird, verschleiert der Tauschakt auch soziale Ungleichheit. Denn „soweit die Ware oder die Arbeit nur noch als Tauschwert bestimmt ist und die Beziehung, wodurch die verschiedenen Waren aufeinander bezogen werden als Austausch dieser Tauschwerte gegeneinander, ihre Gleichsetzung, sind die Individuen, die Subjekte, zwischen denen dieser Prozeß vorgeht, nur einfach bestimmt als Austauschende" (MEW Bd. 42, S. 166 f.). Jedes der Subjekte in dieser sozialen Kommunikation ist ein Austauschender, „jedes hat dieselbe gesellschaftliche Beziehung zu dem anderen, die das andere zu ihm hat. Als Subjekte des Austauschs ist ihre Beziehung daher die der *Gleichheit*" (ebd.). Das heißt, die Beteiligten tauschen Waren, die als Äquivalente gelten. Diese Äquivalente sind die „Vergegenständlichung des einen Subjekts für andre; d. h. sie selbst sind gleich viel wert und bewähren sich im Akt des Austauschs als Gleichgeltende (...)" (ebd.). Deshalb müssen auch die Tauschenden selbst „gleiche" sein. Die natürliche Besonderheit der Ware und die der Austauschenden werden, da sie Voraussetzung der wechselseitigen Bedürfnisbefriedigung sind, „zum Grund ihrer sozialen Gleichheit" (MEW Bd. 42, S. 167).

Es ist durchgehend zu spüren, wie stark es hier Marx darauf ankommt, die Parolen der bürgerlichen Revolutionen in ihrer ideologischen Natur herauszustellen. Bestanden noch im Feudalismus eindeutige Machtstrukturen, so herrscht im Kapitalismus vorgeblich das Prinzip der Gleichheit; in den vorkapitalistischen Herrschafts- und Knechtschaftsbeziehungen griff man zur Gewalt, inzwischen dominiert die „Freiheit". Denn „obgleich das Individuum A Bedürfnis fühlt nach der Ware des Individuums B, bemächtigt es sich derselben nicht mit Gewalt, noch vice versa, sondern sie erkennen sich wechselseitig an als Eigentümer, als Personen, deren Willen ihre Waren durchdringt" (MEW Bd. 42, S. 169). Der demokratische Schein kapitalistischer Klassenherrschaft könnte kaum perfekter sein.

In diesem Mystifizierungsprozess ist auch der Lohnarbeiter, wie der Kapitalist, ein „Rechtssubjekt", dessen Entwicklung Paschukanis (1929, S. 144) zu Recht als notwendige Grundfunktion einer warenproduzierenden Gesellschaftsformation herausgestellt hat. Paschukanis wirft in diesem Zusammenhang die Frage auf, „kraft welcher Ursachen sich der Mensch als zoologisches Individuum in ein juristisches Subjekt verwandelt hat" (ebd.). Bei der Klärung dieser Frage verweist er auf die Zirkulationsebene, auf der das Rechtssubjekt entstanden sei. Der in den „Arbeitsprodukten verdinglichte und sich in die Form einer elementaren Gesetzmäßigkeit kleidende gesellschaftliche Zusammenhang der Menschen im Produktionsprozeß" fordere zu seiner Realisierung ein „besonderes Verhältnis der Menschen als Verfüger über Produkte, als Subjekte, deren ,Wille in jenen Dingen haust'" (ebd.). Darum werde der Mensch – zur gleichen Zeit, wie das Arbeitsprodukt Wareneigenschaft annehme und Träger von Wert werde – zum juristischen Subjekt und zum Träger von Rechten.

Nach Marx ist der Lohnarbeiter im Unterschied etwa zum Sklaven ein „selbständiges Zentrum der Zirkulation, ein Austauschender, Tauschwertsender und sich durch den Austausch Erhaltender" (MEW Bd. 42, S. 172). Doch all dies ist purer Schein. Denn der Austausch von Kapital und Arbeit ist kein Austausch von Äquivalenten, sondern vielmehr „Aneignung fremder Arbeit *ohne Austausch*, aber unter dem *Schein des Austauschs*" (MEW Bd. 42, S. 417). So bleibt es bei der im ersten Abschnitt dieses Teils zitierten Aussage aus dem ‚Kapital': „Die spezifische ökonomische Form, in der unbezahlte Mehrarbeit aus den unmittelbaren Produzenten ausgepumpt wird, bestimmt das Herrschafts- und Knechtschaftsverhältnis, wie es unmittelbar aus der Produktion selbst hervorwächst und seinerseits bestimmend auf sie zurückwirkt. Hierauf aber gründet sich die ganze Gestaltung des ökonomischen, aus den Produktionsverhältnissen selbst hervorwachsenden Gemeinwesens und damit zugleich seine spezifische politische Gestalt." (MEW Bd. 25, S. 799)

Das Herrschafts- und Knechtschaftsverhältnis also ist es, welches die kapitalistische Wirtschaftsordnung bestimmt. Nur scheinbar bestehen keine persönlichen Abhängigkeitsverhältnisse mehr, nur dem Anschein nach sind alle Einzelnen frei. Verborgen bleiben hierbei die vom Äquivalenzprinzip des Warentauschs erzeugten ideologischen Illusionen. Der Schein der Zirkulationssphäre wird deshalb von Marx immer wieder ins Bewusstsein gerufen. Hier nochmals eine prägnante Stelle aus dem ‚Kapital': „Die Sphäre der Zirkulation oder des Warenaustauschs, innerhalb deren Schranken Kauf und Verkauf der Arbeitskraft sich bewegt, war in der Tat ein wahres Eden der angeborenen Menschenrechte. Was allein hier herrscht, ist Freiheit, Gleichheit, Eigentum und Bentham. Freiheit! Denn Käufer und Verkäufer einer Ware, z. B. der Arbeitskraft, sind nur durch ihren freien Willen bestimmt. Sie kontrahieren als freie, rechtlich ebenbürtige Personen. Der Kontrakt ist das Endresultat, woran sich ihre Willen einen gemeinsamen Rechtsausdruck geben. Gleichheit! Denn sie beziehen sich nur als Warenbesitzer aufeinander und tauschen Äquivalent für Äquivalent. Eigentum! Denn jeder verfügt nur über das Seine. Bentham! Denn jedem von den beiden ist es nur um sich zu tun." (MEW Bd. 23, S. 190) Das einzige wirtschaftlich verbindende Element sei der Eigennutz, und gerade indem jeder nach seinem eigenen Vorteil trachte, förderten alle „in Folge einer prästabilisierten Harmonie der Dinge" das Gemeinwohl (MEW Bd. 23, S. 189 f.).

Es braucht nicht erst lange erläutert zu werden, dass diese Aussage die klassische liberale Interpretation des Gemeinwohls periphrasiert, die ihre prägnanteste Formulierung bei Adam Smith gefunden hat. Der Utilitarist Jeremy Bentham war einer der Anreger von Adam Smith; Marxens Anspielung auf Bentham bezieht sich hierauf. Bekanntlich basierte die klassische liberale Nationalökonomie auf einem Harmoniedenken: Die Gesetze der Wirtschaftswelt sind so gestaltet, dass gerade dann, wenn die einzelnen Menschen nach nichts anderem als ihrem eigenen Vorteil streben, für die Gesamtheit das Beste herauskommt. Smith argumentierte wie folgt: Unter Menschen nützen „die unterschiedlichsten Begabungen einander. Die weithin verbreitete Neigung zum Handeln und Tauschen erlaubt es ihnen, die Erträge jeglicher Begabung gleichsam zu einem gemeinsamen Fonds zu vereinen, von dem jeder nach seinem Bedarf das kaufen kann, was wiederum andere aufgrund ihres Talentes hergestellt haben" (1974, S. 19). Von alleine stelle sich das „klare und einfache System der natürlichen Freiheit" her; in diesem herrsche allgemeiner Wettbewerb und grundsätzlich könne man sagen, „je freier und umfassender der Wettbewerb ist, um so mehr Vorteile hat die Öffentlichkeit von jedem Gewerbe oder von jeder Arbeitsteilung" (1974, S. 272).

Damit waren Eigenschaften ins Zentrum der ökonomischen Betrachtung gerückt worden, die für Marx „bloße Phänomene", nicht aber „Wesenheiten" darstellten. Das freie Spiel der Kräfte bedeutete ja in der Tat nur ein scheinbar freies. Freiheit in der kapitalistischen Gesellschaft stand zwar im Gegensatz zur feudalen Gebundenheit; der Lohnarbeiter war frei im Gegensatz zur Hörigkeit bzw. Leibeigenschaft des Bauern. Dieses Mehr an Freiheit konnte jedoch nicht über die Unfreiheit und Ungleichheit hinwegtäuschen, die inzwischen allein durch den Schein der Unabhängigkeit überdeckt wurden. Marx hat diesen Sachverhalt einmal im Vergleich zum römischen Sklaven herausgestellt: „Der römische Sklave war durch Ketten, der Lohnarbeiter ist durch unsichtbare Fäden an seinen Eigentümer gebunden. Der Schein seiner Unabhängigkeit wird durch den beständigen Wechsel der individuellen Lohnherrn und die fictio juris des Kontrakts aufrechterhalten." (MEW Bd. 23, S. 599) Das Verhältnis des Austausches zwischen Kapitalist und Arbeiter stellt also entgegen Adam Smith kein „klares und einfaches System der natürlichen Freiheit" dar. Marx zufolge ist es „ein dem Zirkulationsprozeß angehöriger Schein, bloße Form, die dem Inhalt selbst fremd ist und ihn nur mystifiziert" (MEW Bd. 23, S. 609). Die Form ist dabei im reinen Kauf und Ankauf der Arbeitskraft zu sehen. Der Inhalt besteht darin, dass der Kapitalist einen Teil der bereits vergegenständlichten fremden Arbeit „stets wieder gegen größeres Quantum lebendiger fremder Arbeit umsetzt" (ebd.).

Im Zusammenhang mit diesem von Marx betonten Zirkulationsprozess haben dann auch neuere Interpreten über die ökonomischen Grundlagen des bürgerlichen Staates reflektiert. Hierfür sind zwei Aussagen repräsentativ: die Dieter Läpples und die des „Projekts Klassenanalyse". Die Deutung Läpples (1973, S. 349) geht von der Aufspaltung der Gesamtreproduktion in Produktion und Zirkulation aus, von zwei sich wechselseitig bedingenden Sphären, denen er das Kapital und den Staat als Herrschaftsträger zuordnet. Analog der Aufspaltung in Produktion und Zirkulation vollziehe sich eine Verdopplung der Herrschaftsausübung in die direkte ökonomische Form innerhalb der Produktionssphäre und in die vermittelte politische Form innerhalb der Zirkulationssphäre. In Letzterer sei „die Herrschaft als eine durch die abstrakte Herrschaft des Gesetzes vermittelte politische Klassenherrschaft gesetzt, die in die mystifizierende Form einer Geldbeziehung zwischen freien und gleichen Warenbesitzern gekleidet ist und der die Gleichstellung der Staatsbürger, der ‚Citoyens‘, gegenüber dem Staat entspricht" (ebd.).

Ähnlich ist die Argumentation des „Projekts Klassenanalyse" (1976, S. 85); sie hypostasiert die Zirkulationssphäre, die mit jenen Bestimmungen identifiziert wird, die dem kapitalistischen Ausbeutungsverhältnis eigen sind. Hierbei figuriert die Kategorie „allgemeine Willensverhältnisse" („Rechtsverhältnisse") als dasjenige Element, auf dem letztlich die bürgerliche Staatlichkeit gründet. Das Allgemeine dieser Willensverhältnisse ist dadurch bestimmt, „daß die Gesamtheit der Produktionsverhältnisse an der Oberfläche der bürgerlichen Gesellschaft, in der Bewegung des falschen Scheins, worin die zugrundeliegenden sozialen Antagonismen ausgelöscht scheinen, als Verhältnis freier und gleicher Warenbesitzer sich darstellt" (ebd.): Der gesellschaftliche Zusammenhang ihrer Privatarbeiten werde von den Privatproduzenten nicht bewusst „in der Verausgabung ihrer Arbeit" hergestellt, sondern nur über den Austausch ihrer Waren.

Um den in den „Rechtsverhältnissen" ausgedrückten allgemeinen Willen geltend zu machen, bedarf es „einer abgehobenen Instanz, die diesen allgemeinen Willen verkörpert und die aus dem Aufeinanderprallen der Privateigentümer hervorgehenden Kollisionen immer wieder in den Rahmen des allgemeinen Willens zwingt" (1976, S. 87). Der Staat bildet also so etwas wie eine Klammer, die das Konfliktpotenzial zwischen den das Herrschafts- und Knechtschaftsverhältnis von Kapital und Arbeit verkörpernden Individuen entschärft. Insgesamt: „Das spezifische Herrschafts- und Knechtschaftsverhältnis von Lohnarbeit und Kapital ist eine aus der Warenzirkulation selber erwachsende immanente Bestimmung derselben, durch sie vermittelt und zugleich versteckt. Dieses vermittelte Herrschafts- und Knechtschaftsverhältnis ist die absolute Basis aller juristischen, politischen und sozialen Anschauungen der bürgerlichen Gesellschaft. Freiheit und Gleichheit, Eigentum und Ordnung, als politische Prinzipien, haben ihre materielle Grundlage in den bestimmten ökonomischen Bedingungen der bürgerlichen Gesellschaft (…) In der Fixierung und Codifizierung von Eigentum, Freiheit und Gleichheit in den allgemeinen Willensverhältnissen erkennen die Glieder der bürgerlichen Gesellschaft daher, ohne sich dessen bewusst zu sein, den Klassenantagonismus von Lohnarbeit und Kapital und die sich daraus entwickelnden sozialen Verhältnisse als allgemeine Bedingung der Produktion an." (1976, S. 87)

4.3   Gesamtkapitalist und Arbeiterklasse

Nachdem die Staatsfunktionen im Zusammenhang des Vergesellschaftungsprozesses der kapitalistischen Produktionsweise näher dargelegt wurden, soll noch einmal der Staat in seiner Eigenschaft als „ideeller" oder „wirklicher" Gesamtkapitalist aufgezeigt werden. Hierbei soll zunächst auf den Mehrwert und auf die Normierung des Arbeitstages eingegangen werden, um schließlich – verbunden mit dem Wertgesetz und dem Gesetz des tendenziellen Falls der Profitrate – die Eigenschaft des Staates herauszustellen.

Zunächst zum Mehrwert: Der unmittelbare Produzent, also der Arbeiter, verkauft seine Arbeitskraft auf dem Arbeitsmarkt als Ware. Auch der Preis der Ware Arbeitskraft bemisst sich nach der für ihre Herstellung notwendigen Arbeitszeit. „Es sind die Kosten, die erheischt werden, um den Arbeiter als Arbeiter zu erhalten und um ihn zum Arbeiter auszubilden." (MEW Bd. 6, S. 406) Darüber hinaus müssen noch „die Fortpflanzungskosten eingerechnet werden, wodurch die Arbeiterrace instand gesetzt wird, sich zu vermehren und abgenutzte Arbeiter durch neue zu ersetzen. Der Verschleiß des Arbeiters wird also in derselben Weise in Rechnung gebracht, wie der Verschleiß der Maschine." (Ebd.) Die vom Kapitalisten benötigte Arbeitskraft wird mithin zu ihrem „Wert" aufgekauft, der – in Geld ausgedrückt – verschiedenartig betrachtet werden kann. Angenommen ein Arbeiter kann in täglich sechs Stunden Arbeit einen Wert schaffen, der ausreicht, um sich als Arbeiter am Leben zu erhalten, so entsprechen diese sechs Stunden täglich dem Wert seiner Arbeitskraft. Der Arbeiter erhält hierfür einen bestimmten Preis als Lohn. Laut Arbeitsvertrag hat aber der Arbeiter zu diesem Preis nicht nur seine Arbeitskraft für sechs, sondern – ebenfalls angenommen – für zwölf Stunden an den Kapitalisten verkauft. In diesen weiteren sechs Stunden leistet der Arbeiter eine Mehrarbeit, indem er ein entsprechendes Mehr an Produkten herstellt. Da, wie erwähnt, der Arbeiter seine gesamte Arbeitskraft an den Kapitalisten verkauft hat, fließt dieser zusätzlich geschaffene Wert als „Mehrwert" dem Kapitalisten zu (MEW Bd. 16, S. 133).

Der Mehrwert entspringt somit nach Marx als Differenz aus dem höheren „Gebrauchswert" der vom Kapitalisten in Dienst genommenen menschlichen Arbeitskraft und dem „Tauschwert" der Ware Arbeitskraft, der, wie der Tauschwert jeder anderen Ware, deren notwendigem Produktionsaufwand entspricht. Aus der Natur des Warentauschs selbst ergibt sich „keine Grenze des Arbeitstags, also keine Grenze der Mehrarbeit. Der Kapitalist behauptet sein Recht als Käufer, wenn er den Arbeitstag so lang als möglich und womöglich aus einem Arbeitstag zwei zu machen sucht". (MEW Bd. 23, S. 248) Dem steht das Interesse des Arbeiters als Verkäufer gegenüber, den Arbeitstag auf eine bestimmte Normalgröße zu beschränken. „Es findet hier also eine Antinomie statt, Recht wider Recht, beide gleichmäßig durch das Gesetz des Warenaustausches besiegelt. Zwischen gleichen Rechten entscheidet die Gewalt. Und so stellt sich in der Geschichte der kapitalistischen Produktion die Normierung des Arbeitstags als Kampf um die Schranken des Arbeitstags dar – ein Kampf zwischen dem Gesamtkapitalisten, d.h. der Klasse der Kapitalisten, und dem Gesamtarbeiter, oder der Arbeiterklasse." (MEW Bd. 23, S. 249)

Eine solche Normierung des Arbeitstags kann allein durch staatliches Gesetz auferlegt und durch staatliche Macht durchgesetzt werden. Damit ist erneut die Exekutivgewalt angesprochen. Der Staat zeigt sich wiederum als eine von der bürgerlichen Gesellschaft gesonderte Institution, die ein Rechtssystem setzt, adäquate Verkehrsverhältnisse gewährleistet und damit die allgemeinen äußeren Bedingungen der kapitalistischen Produktionsweise schafft. Und dies deshalb, weil sich, so Dieter Läpple (1973, S. 45), durch die „eigentümliche Gesellschaftlichkeit der Arbeit unter kapitalistischen Produktionsbedingungen der gesellschaftliche Zusammenhang der vereinzelten Warenproduzenten nur über den Austausch ihrer Waren" darstellt, dieses gesellschaftliche Verhältnis also für sie die Form eines ihnen äußerlichen Verhältnisses von Sachen annimmt, das der Staat zu garantieren hat.

Der Staat als gesonderte Institution der bürgerlichen Gesellschaft ist – diese Eigenschaft hat besonders Engels unterstrichen – notwendig Klassenstaat. Gleichwohl vermag er das Klasseninteresse der Bourgeoisie nicht uneingeschränkt durchzusetzen. Er kann und muss der Arbeiterschaft auch Konzessionen gewähren. Und gerade im Hinblick auf den oben erwähnten Kampf um den Normalarbeitstag muss die Arbeiterschaft „als Klasse ein Staatsgesetz erzwingen, ein übermächtiges gesellschaftliches Hindernis, das sie selbst verhindert, durch freiwilligen Kontrakt mit dem Kapital sich und ihr Geschlecht in Tod und Sklaverei zu verkaufen" (MEW Bd. 23, S. 320). So finden sich auch hier bei Marx Andeutungen darüber, dass der Staat als gesonderte, sie zusammenfassende Institution auf die bürgerliche Gesellschaft regulierend einwirken kann und muss. Der bürgerliche Staat vermag gewisse Züge eines „Sozial- und Rechtsstaats" anzunehmen. Er kann bestimmten Bedürfnissen der Arbeiterklasse entgegenkommen. Aber dieses sein Spektrum ist begrenzt; und die Grenze zeigt sich überall dort, wo die „Wurzel der kapitalistischen Produktionsweise", d.h. die „Selbstverwertung des Kapitals" angegriffen würde (MEW Bd. 23, S. 506). Marx sah diese Grenze u.a. am Beispiel der Fabrikgesetzgebung in England, wo sich verdeutlicht habe, dass über eine bestimmte Grenze hinaus die kapitalistische Produktionsweise jede rationale Verbesserung unmöglich mache. Der Staat blieb also trotz sozialpolitischer Eingriffe letztlich doch – um diesen Ausdruck zu gebrauchen – „Gesamtkapitalist".

Mit diesem Stichwort lässt sich zu der eingangs erwähnten Eigenschaft des Staates im Zusammenhang des Vergesellschaftungsprozesses der kapitalistischen

Produktionsweise überleiten. Hierbei muss zwischen dem „ideellen" Gesamtkapitalisten und dem „wirklichen" Gesamtkapitalisten unterschieden werden. Der moderne Staat ist, um mit Engels zu sprechen, „die Organisation, welche sich die bürgerliche Gesellschaft gibt, um die allgemeinen äußern Bedingungen der kapitalistischen Produktionsweise aufrechtzuerhalten gegen Übergriffe, sowohl der Arbeiter wie der einzelnen Kapitalisten. Der moderne Staat, was auch seine Form, ist eine wesentlich kapitalistische Maschine, Staat der Kapitalisten, der ideelle Gesamtkapitalist" (MEW Bd. 20, S. 260). Die mit dem Begriff „ideeller Gesamtkapitalist" umschriebene Funktionsbestimmung verweist mithin darauf, dass der kapitalistische Staat als besondere Herrschaftsinstitution des Gesamtkapitals eine notwendige Bedingung des kapitalistischen Reproduktionsprozesses ist. Nach dem, was bisher herausgearbeitet wurde, bleibt, so Esser (1975, S. 127), diese besondere Herrschaftsinstitution jedoch „trotz scheinbarer Abhängigkeit bzw. Trennung vom kapitalistischen Produktionsprozeß integraler Bestandteil dieses Produktionsverhältnisses und insofern auch Bestandteil der Widersprüchlichkeit dieses Verhältnisses. Seine Funktion, das in viele Einzelkapitale zersplitterte Kapital zum Gesamtkapital zusammenzufassen, kann nur eine ideelle, scheinhafte sein, da die Konkurrenz zwischen diesen Einzelkapitalen eine solche einheitliche Interessenaggregation und -artikulation unmöglich macht".

Eine ähnliche Argumentation findet sich bei Elmar Altvater (3/1972, S. 8). In seiner Betrachtung zu einigen Problemen des Staatsinterventionismus, in welcher der Staat als besondere Form der Durchsetzung der gesellschaftlichen Existenz des Kapitals neben und außer der Konkurrenz als wesentliches Moment im gesellschaftlichen Reproduktionsprozess des Kapitals begriffen wird, heißt es an einer Stelle: „Wenn der Staat auch das Durchschnittsinteresse des Kapitals ausdrückt, so doch nicht in einer widerspruchsfreien Weise. Denn der Begriff der Durchschnittsexistenz des Kapitals hebt nicht die Aktionen und Interessen der vielen Einzelkapitale auf, die als solche gegensätzlich zueinander stehen. Diese Gegensätze hebt weder die Konkurrenz auf, noch sind sie der Konkurrenz oder der ‚Anarchie des Marktes', wo sie erscheinen, geschuldet, noch kann der Staat sie beseitigen. In diesem Sinne ist der Staat also niemals wirklicher, materieller Gesamtkapitalist, sondern immer nur ideeller oder fiktiver Gesamtkapitalist." (Ebd.)

An dieser Eigenschaft des Staates ändert sich zunächst auch nichts durch Monopolisierungsprozesse. Rein formal betrachtet, hört der kapitalistische Staat nicht dadurch auf, „ideeller Gesamtkapitalist" zu sein, dass die Interessen der Monopole dominieren, was wieder zur Thematik des Interventionsstaates im Allgemeinen und zur Stamokap-Theorie im Besonderen führt. Über die formale Rolle des Staates hinaus zeigt sich jedoch eine gewisse Veränderung, auf die Marx selbst im dritten Band des ‚Kapitals' hingewiesen hat, wo von der Substitution der freien

Konkurrenz durch das Monopol gesprochen wird: „Es ist dies die Aufhebung der kapitalistischen Produktionsweise selbst, und daher ein sich selbst aufhebender Widerspruch, der prima facie als bloßer Übergangspunkt zu einer neuen Produktionsform sich darstellt. Als solcher Widerspruch stellt er sich dann auch in der Erscheinung dar. Er stellt in gewissen Sphären das Monopol her und fordert daher die Staatseinmischung heraus." (MEW Bd. 25, S. 454)

Die Vertreter der Stamokap-Theorie verbinden mit dieser Staatseinmischung einen besonderen Prozess der Gewalt. Dieser gründet ihnen zufolge auf der Erscheinungsform der monopolistischen Konkurrenz mit ihrer Durchbrechung des kapitalistischen Wertgesetzes. In der Form der monopolistischen Konkurrenz, so Heiniger und Hess (1970, S. 34), untergräbt das Monopol „den auf dem Durchschnittsprofit beruhenden Mechanismus, der die einzelnen Produzenten spontan den ökonomischen Gesetzen gemäß handeln ließ und die Verteilung des Profits entsprechend der Kapitalgröße herbeiführte". Dadurch also, dass der Kapitalismus nicht mehr auf der Basis des Wertgesetzes funktioniert, sondern die außerökonomische Macht und Gewalt (des Staates) zum Exekutor der ökonomischen Gesetze wird, funktioniert er bereits nicht mehr nach seinen ihm eigenen Gesetzen.

Die außerökonomische Macht und Gewalt im Zusammenhang mit der Monopolisierung steht auch bei anderen marxistischen Staatstheoretikern im Mittelpunkt der Betrachtung. In Joachim Hirschs akkumulationstheoretisch orientierter Konzeption beispielsweise (1973, S. 217) fungiert das Monopol als für die chronische Überakkumulation verantwortlicher Interventionsauslöser. Ansatzpunkt bildet der tendenzielle Fall der Profitrate infolge einer stetigen Erhöhung des Anteils des konstanten Kapitals (der Produktionsmittel aller Art) gegenüber dem (für Arbeitslöhne verausgabten) variablen Kapital am Gesamtkapital. Im Tendenzcharakter des Prozesses tritt Marx zufolge (MEW Bd. 25, S. 268 f.) die Schranke der kapitalistischen Produktionsweise darin hervor, „daß die Entwicklung der Produktivkraft der Arbeit im Fall der Profitrate ein Gesetz erzeugt, das ihrer eignen Entwicklung auf einem gewissen Punkt feindlichst gegenübertritt und daher beständig durch Krisen überwunden werden muß" und dass der „Profit und das Verhältnis dieses Profits zum angewandten Kapital, also eine gewisse Höhe der Profitrate über Ausdehnung oder Beschränkung der Produktion entscheidet, statt des Verhältnisses der Produktion zu den gesellschaftlichen Bedürfnissen, zu den Bedürfnissen gesellschaftlich entwickelter Menschen".

Es kann in diesem Rahmen dem oben erwähnten Versuch, durch Systematisierung der dem Fall der Durchschnittsprofitrate „entgegenwirkenden Ursachen" den Funktionsradius spätkapitalistischer Staatstätigkeit abzustecken, ebenso wenig nachgegangen werden wie den Schlussfolgerungen der Stamokap-Theorie im Hinblick auf die Niedergangsphase des Kapitalismus. Was statt dessen kurz beleuchtet werden soll, ist die Erscheinungsform des „*wirklichen* Kapitalisten". Je mehr Produktivkräfte der Staat in sein Eigentum übernehme, desto mehr werde er zum wirklichen Gesamtkapitalisten, hat Engels betont (MEW Bd. 20, S. 260). Er verwies dabei auf jene Fälle, in denen die „Produktions- oder Verkehrsmittel der Leitung durch Aktiengesellschaften *wirklich* entwachsen sind, dass also die Verstaatlichung ökonomisch unabweisbar" geworden ist (MEW Bd. 20, S. 259). Dabei dachte er in erster Linie an die großen Verkehrsanstalten: Post, Telegrafen und Eisenbahnen. Es sollen hier nicht Engels' Andeutungen auf die neueren Verstaatlichungsformen herangezogen werden, sondern die namentlich von der Stamokap-Theorie betonte Staatsfunktion in diesem Zusammenhang erwähnt werden. Der Staat wird hier zu einem Teil der Basis. Mithilfe seines Steuer- und Preissystems und seiner Wirtschaftsunternehmen beute der Staat selbst Millionen Werktätige aus, unternehme er im Interesse der Steigerung des Monopolprofits und der Stabilisierung des Profitsystems den aussichtslosen Versuch, die Widersprüche der kapitalistischen Produktionsweise zu überwinden. In diesem Zusammenhang, so Kolbe und Röder (1969, S. 172), komme es schließlich zur Auflösung der bürgerlichen Demokratie: „ökonomisch, indem der Staat selbst zum Monopolunternehmer wird und sowohl durch seine eigene staatskapitalistische Basis wie durch seine Funktion im Konzentrationsprozeß der Wirtschaft die ökonomischen Grundlagen der bürgerlichen Demokratie beseitigt; gesellschaftlich, indem er das Monopolsystem in der Wirtschaft auf den Bereich der Gesellschaft, der Politik und Ideologie überträgt; politisch, indem er den Übergang von der bürgerlichen Demokratie zu autoritären Herrschaftsformen in die Wege leitet".

Marx und die Kritische Theorie $\quad$ 5

Die Darstellung der Konzeption von Marx und der Staatstheorien des Marxismus bliebe unvollständig, berücksichtigte sie nicht zwei Positionen, die das Thema würdig abschließen können. Gemeint sind die Positionen von Max Horkheimer und Theodor W. Adorno.

5.1 Max Horkheimer

Die Betrachtung wendet sich zunächst den Schriften Max Horkheimers zwischen 1936 und 1940 zu, die die Kritik der in der traditionellen Wissenschaft normativ festgehaltenen Indifferenzschwelle von Wissenschaft und Politik sowie die Kritik an der bürgerlichen Herrschaftsform des Monopolkapitalismus und des Faschismus als zentralen Gegenstand beinhalten. Im programmatischen Aufsatz ‚Traditionelle und kritische Theorie' versteht Horkheimer unter der traditionellen Theorie die modernen Naturwissenschaften und die Wissenschaftstheorie von Descartes bis Husserl und Carnap. Der namentlich von Descartes geprägte Typus des Denkens, der im traditionellen Verständnis die Methoden (und die Ergebnisse) der Wissenschaften dominiere und deren eigentümlichen Wirklichkeitsbezug gestalte, zielt nach Horkheimer darauf ab, die empirisch vorfindbare Welt zu erfassen, wie sie nun einmal ist. Orientiert am Utilitätsprinzip und am rationalen Kriterium, ob etwas funktioniere oder nicht, begeben sich die traditionelle Theorie und die positiven Wissenschaften der Möglichkeit, über wünschbare Handlungsziele eine gültige Auskunft zu erteilen. Die Zwecke, denen die traditionelle Theorie unterworfen wird, gelten ihr selbst als äußerlich. Entsprechend der mathematisch-naturwissenschaftlichen Erkenntnisweise glaubt die traditionelle Theorie, es mit ehernen Gesetzen zu tun zu haben – ungeachtet des arbeitsteiligen Moments des politisch organisierten gesellschaftlichen Produktionsprozesses.

© Springer Fachmedien Wiesbaden GmbH, ein Teil von Springer Nature 2018 $\quad$ 65
W. Röhrich, *Karl Marx und seine Staatstheorie*,
https://doi.org/10.1007/978-3-658-21482-1_5

Im Gegensatz hierzu muss Horkheimer zufolge die wissenschaftliche Aktivität als Teilvorgang des gesamtgesellschaftlichen Arbeitsprozesses reflektiert werden, und dies im konkreten Bewusstsein der eigenen Beschränktheit und im Dienste der Selbsterkenntnis des Menschen. „Die isolierende Betrachtung einzelner Tätigkeiten und Tätigkeitszweige mitsamt ihren Inhalten und Gegenständen bedarf, um wahr zu sein, des konkreten Bewußtseins ihrer eigenen Beschränktheit. Es muß zu einer Auffassung übergegangen werden, in der die Einseitigkeit, welche durch die Abhebung der Teilvorgänge aus der gesamtgesellschaftlichen Praxis ihr notwendig anhaftet, wieder aufgehoben wird." (Horkheimer Bd. 4, S. 172 f.) Und in Bezug auf die *Selbsterkenntnis des Menschen* und die mathematisch-naturwissenschaftlich orientierte Wissenschaft heißt es: „Die Selbsterkenntnis des Menschen in der Gegenwart ist (…) nicht die mathematische Naturwissenschaft, die als ewiger Logos erscheint, sondern die vom Interesse an vernünftigen Zuständen durchherrschte kritische Theorie der gegenwärtigen Gesellschaft" (ebd.).

Die derart charakterisierte Kritische Theorie geht im Kontrast zur traditionellen davon aus, dass Subjekt und Objekt wissenschaftlicher Handlungen *gesellschaftlich konstituiert* sind. Diese doppelte Konstituiertheit kennzeichnet ein bedeutsames Element im Selbstbegründungszusammenhang der Kritischen Theorie und verdeutlicht sich in Horkheimers Aussage (Bd. 4, S. 174): „Die Tatsachen, welche die Sinne uns zuführen, sind in doppelter Weise gesellschaftlich präformiert: durch den geschichtlichen Charakter des wahrgenommenen Gegenstands und den geschichtlichen Charakter des wahrnehmenden Organs." Es zeigt sich hierin Marx' Theorietradition, nach der wissenschaftliche Arbeit ein Moment des gesamtgesellschaftlichen Arbeitsprozesses ist. Wissenschaft kann nur im Zusammenhang des gesellschaftlichen Lebensprozesses verstanden, Wissenschaftsentwicklung kann nur als eine spezifisch historische rekonstruiert werden. Ein solches Konzept geschichtlicher Wahrheit beinhaltet bereits die ‚Deutsche Ideologie' von Marx und Engels (MEW Bd. 3, S. 18): „Wir kennen nur eine einzige Wissenschaft, die Wissenschaft der Geschichte."

Orientiert an einer solchen Konzeption geschichtlicher Wahrheit, besteht nach Horkheimer (Bd. 4, S. 180) die Kritische Theorie im „Verhalten, das die Gesellschaft selbst zum Gegenstand hat". Es liegt in der Zielsetzung dieses kritischen Verhaltens, die jeweilige soziale Praxis zu hinterfragen. Dem kritischen Theoretiker sind dabei „die Tatsachen, wie sie aus der Arbeit in der Gesellschaft hervorgehen, nicht im gleichen Maße äußerlich wie dem Gelehrten oder den Mitgliedern der sonstigen Berufe, die alle als kleine Gelehrte denken" (Bd. 4, S. 183). Vielmehr bezieht sich seine Theorie auf ein *Ganzes von Einsichten*, das „aus einer bestimmten Praxis, aus bestimmten Zielsetzungen herrührt" (Bd. 3, S. 149). Die Einstellung des kritischen Theoretikers – im programmatischen ‚Theorieaufsatz' von 1937 als *Existentialur-*

teil bezeichnet – ist das erkenntnisleitende Interesse an der Beschleunigung, der gesellschaftlichen Entwicklung ohne Ausbeutung bzw. Unrecht. „Die wesentliche Bezogenheit der Theorie auf die Zeit, liegt (…) nicht in der Entsprechung einzelner Teile der Konstruktion zu geschichtlichen Abschnitten (…), sondern in der ständigen Veränderung des theoretischen *Existentialurteils* über die Gesellschaft, die durch einen bewußten Zusammenhang mit der geschichtlichen Praxis bedingt ist (…) Die kritische Theorie hat nicht heute den und morgen einen anderen Lehrgehalt. Ihre Änderungen bedingen keinen Umschlag in eine völlig neue Anschauung, solange die Epoche sich nicht ändert. Die Festigkeit der Theorie rührt daher, daß bei allem Wandel der Gesellschaft doch ihre ökonomisch grundlegende Struktur, das Klassenverhältnis in seiner einfachsten Gestalt, und damit auch die Idee seiner Aufhebung identisch bleibt. Die hierdurch bedingten entscheidenden Züge des Inhalts können sich vor dem geschichtlichen Umschlag nicht ändern." (Bd. 4, S. 208) Und weiter schreibt Horkheimer (Bd. 4, S. 274): „Die Kritische Theorie hat (…) keine spezifische Instanz für sich als das mit ihr selbst verknüpfte Interesse an der Aufhebung der Klassenherrschaft (bzw. des gesellschaftlichen Unrechts)." Horkheimer zielt damit auf die Idee des Allgemeinen, das allen Individuen auch Glück gewährt. Eng damit verbunden ist der Begriff der *Freiheit*. Die „Assoziation freier Menschen, bei der jeder die gleiche Möglichkeit zur Entfaltung hat" (Bd. 4, S. 193), bezeichnet die anzustrebende gesellschaftliche Organisationsform.

Diese weitreichende Intention konfrontiert Horkheimer mit den realen Verhältnissen. Indem diese mit den dem Menschen gegebenen Möglichkeiten verglichen werden, reduziert er die Gesellschaft auf ihr Subjekt: den *Menschen*, der in seiner *Entfremdung* verstanden wird. Die menschliche Entfremdung, bei der sich Horkheimer auf Marx' ‚Ökonomisch-philosophische Manuskripte' stützt, ist durch den gesamten differenzierten Lebenszusammenhang in der kapitalistischen Gesellschaft begründet. Hierbei kommt dem Individuum, seiner persönlichen Entwicklung und seinen Konflikten, ein besonderes Gewicht zu, entsprechend Horkheimers Hinweis, den Begriff des Ökonomischen nicht zu eng und schematisch nehmen zu dürfen. Insgesamt aber bleibt die Ökonomie die *erste Ursache des Elends*, konzentriert sich die Kritik auf den (Monopol-)Kapitalismus als eine einzigartige Entwicklungsform in der Geschichte. Die wissenschaftliche Analyse und Kritik der Politischen Ökonomie zentriert sich somit als Kritik an den Wesenszügen der kapitalistischen Gesellschaft wiederum auf Marx' Intention, wenngleich sie Horkheimer primär als eine *philosophische Kritik* versteht. Was herausgestellt wird, ist vor allem die menschliche Erkenntnismöglichkeit: „Die Menschen gelangen im geschichtlichen Gang zur Erkenntnis ihres Tuns und begreifen damit den Widerspruch in ihrer Existenz (…) Die Menschen erneuern durch ihre eigene Arbeit eine Realität, die sie in steigendem Maße versklavt (und mit jeder Art von Elend bedroht). Das Bewußtsein

dieses Gegensatzes stammt nicht aus der Phantasie, sondern aus Erfahrung)" (Hork-
heimer Bd. 3, S. 186. Der in Klammern gesetzte Teil entstammt der ursprünglichen
Version des Werkes in der ,Zeitschrift für Sozialforschung' von 1937.).
Der zitierte Widerspruch in der Existenz des Menschen verweist auf das grund-
legende Verhältnis des Kapitalismus, das für Horkheimer wie auch für Adorno im
Tausch besteht. „Die kritische Theorie der Gesellschaft beginnt (…) mit einer (…)
Idee des einfachen Warentausches", schreibt Horkheimer (Bd. 4, S. 200) im Aufsatz
,Traditionelle und kritische Theorie'. Das Tauschverhältnis beherrscht die gesell-
schaftliche Wirklichkeit; und der *Tausch* transportiert, verstärkt und versteckt das
Herrschaftsprinzip: die Herrschaft von Menschen über Menschen. „In der Reduktion
der Menschen auf Agenten und Träger des Warentauschs versteckt sich die Herrschaft
von Menschen über Menschen", so formuliert Adorno (Bd. 8, S. 14) später diesen
Sachverhalt. Und 1937 betont Horkheimer, den Inhalt der Kritischen Theorie der
Gesellschaft bilde der „Umschlag der die Wirtschaft durchherrschenden Begriffe in
ihr Gegenteil, des gerechten Tausches in die Vertiefung der sozialen Ungerechtigkeit,
der freien Wirtschaft in die Herrschaft des Monopols, der produktiven Arbeit in
die Festigung produktionshemmender Verhältnisse, der Erhaltung des Lebens der
Gesellschaft in die Verelendung der Völker (…) Im Begriff des heiligen Egoismus
und des Lebensinteresses der eingebildeten Volksgemeinschaft wird das Interesse
der wirklichen Menschen auf ungehinderte Entfaltung und glückliche Existenz mit
dem Machthunger der ausschlaggebenden Gruppen vertauscht" (Horkheimer Bd.
4, S. 220 f.). Deutlich wird hier der ideologie-kritische Zeitbezug – gemäß Horkheimers Anspruch, die von der historischen Entwicklung verlangte Anpassung der
Theorie von Marx an veränderte gesellschaftliche Bedingungen zu repräsentieren.

Im Hinblick auf eine solche Marx-Rezeption der Kritischen Theorie lässt sich
ein Charakteristikum andeuten, das noch näher erörtert wird. Während Horkheimer – und Adorno – zum einen auf den Erkenntnissen von Marx und Engels
aufbauen und diese den Zeitumständen entsprechend modifizieren, weichen sie zum
anderen auch von bestimmten Kategorien und Konstellationen der Konzeption von
Marx ab. Gleichwohl bilden beide Aspekte eine Einheit. Denn wenn beispielsweise
Horkheimer (Bd. 4, S. 222) in der „Periode des Übergangs, in der die Politik im
Verhältnis zur Ökonomie eine neue Selbständigkeit gewinnt", einen Begriff von
Marx, wie den der *Produktionsweise,* durch den Terminus des *gesellschaftlichen
Ganzen* ersetzt und nach Adorno (Bd. 8, S. 363) die Signatur des Zeitalters die
„Präponderanz der Produktionsverhältnisse über die Produktivkräfte" ist, so sucht
die Kritische Theorie damit stets erneut auf die inzwischen eingetretenen konkreten
Veränderungen in den ökonomischen, sozialen und staatlich-politischen Verhält-
nissen zu antworten. Die konzeptionelle Überlegenheit, die Marx' Ökonomiekritik
in ihrer zukunftsweisenden Funktion auszeichnete, war nach der nicht erfolgten

Weltrevolution, dem Niedergang der Arbeiterbewegung am Ende der Weimarer Republik, der Adaptionsfähigkeit des internationalen Kapitals und vor allem nach der Machtergreifung des Nationalsozialismus und der Ausbreitung faschistischer Herrschaftssysteme und Herrschaftstendenzen in Europa sukzessive geschwunden.

Es ist dann auch der Faschismus als politische Form des monopolistischen Spätkapitalismus, der Horkheimer (Bd. 4, S. 210) zufolge Veränderungen im kapitalistischen Entwicklungsprozess verdeutlicht, die „auch Strukturveränderungen der kritischen Theorie [bedingen]". Diesbezüglich verbindet Horkheimer in seinem programmatischen ‚Theorie-Aufsatz‘ ökonomische Strukturveränderungen wie die Monopolisierungstendenz mit Strukturwandlungen in der Sphäre des Überbaus. In Bezug auf die ökonomischen Strukturveränderungen wird die von Friedrich Pollock und Herbert Marcuse schon 1933/34 formulierte Kontinuitätsthese differenziert weiter verfolgt: die These, dass der Faschismus (als politisches Folgeproblem der Reproduktionsschwierigkeiten des Kapitals in dessen monopolistischer Phase) die adäquate politische Form des entwickelten Monopolkapitalismus sei.

Die Kritik an der bürgerlich-kapitalistischen Gesellschaft, die Horkheimers Position kennzeichnet, erfährt eine weitere Ausprägung in der – gemeinsam mit Adorno während des Krieges verfassten – ‚Dialektik der Aufklärung‘, in der neben dem Phänomen des Stalinismus vor allem wiederum das des Faschismus sowie die im amerikanischen Exil gewonnenen Erfahrungen der Kulturindustrie mit ihrer nivellierend-integrativen Gewalt gegenüber kritischem Bewusstsein die Blickrichtung mitbestimmen. In diesem Werk kritisieren die beiden Autoren den *zivilisatorisch-aufklärerischen Prozess* von der Veranstaltung des Mythos bis hin zum Faschismus und zur aktuellen verwalteten Welt in seiner Ambivalenz als bedrohlich und kontraproduktiv. Diese Kritik ist radikal im etymologischen Sinne des Wortes, sie dringt bis an die Wurzeln des Problems vor. Aufklärung zersetze das Unrecht der alten Ungleichheit, das unvermittelte Herrentum, verewige es aber zugleich in der universalen Vermittlung, „dem Beziehen jeglichen Seienden auf jegliches" (Adorno Bd. 3, S. 29). So werden Adorno und Horkheimer zufolge (ebd.) nicht allein im Gedanken die Qualitäten aufgelöst, sondern die Menschen zur realen Konformität gezwungen. Die Einheit des „manipulierten Kollektivs" besteht in der Negation jedes Einzelnen, es ist Hohn auf die Art Gesellschaft, die es vermöchte, ihn zu einem zu machen". Darum sei auch die Horde, deren Namen in die Organisation der Hitlerjugend Eingang gefunden habe, kein Rückfall in die alte Barbarei, „sondern der Triumph der repressiven Egalität, die Entfaltung der Gleichheit des Rechts zum Unrecht durch die Gleichen" (Adorno Bd. 3, S. 35).

Unter diesen Gegebenheiten bürgerlicher Herrschaft und in dem Bemühen, mit den darzustellenden Motiven den Verhängnissen des Kapitalismus besser gerecht zu werden als durch Marx' Form der Kapitalismuskritik, verlagert sich in der ‚Dialektik der Aufklärung‘ das thematische Gewicht auf die Beziehungen der Menschen zur Natur und auf den zivilisatorisch-aufklärerischen Prozess als einen solchen der Rationalisierung. Technische Rationalität verschmilzt mit der Rationalität der Herrschaft selbst. Die inhaltliche Rationalität der Handlungszwecke bleibt ausgeklammert, wichtig erscheint nur der sich verselbstständigende Funktionszusammenhang, der selbst die Ziele instrumentalisiert und damit widersinnig infrage stellt (Horkheimer Bd. 6, S. 194): „Was gewöhnlich als Ziel bezeichnet wird – das Glück des Individuums, Gesundheit und Reichtum –, gewinnt seine Bedeutung ausschließlich von seiner Möglichkeit, funktional zu werden. Diese Begriffe kennzeichnen günstige Bedingungen für geistige und materielle Produktion." In der bürgerlich-aufklärerisch bestimmten Geschichte bildet sich heraus, was Horkheimer (Bd. 6, S. 21) *instrumentelle Vernunft* nennt. Indem diese, Mittel und Zwecke vertauschend, „alles Einzelne in Zucht nahm, ließ sie dem unbegriffenen Ganzen die Freiheit, als Herrschaft über die Dinge auf Sein und Bewußtsein der Menschen zurückzuschlagen".

In Horkheimers Schrift ‚Zur Kritik der instrumentellen Vernunft‘, die unter dem Titel ‚Eclipse of Reason‘ erstmals 1947 in New York veröffentlicht wurde, wandelt sich die Kritische Theorie der Gesellschaft zur Kritik derjenigen Rationalität, die Freiheit durch Naturbeherrschung zu ermöglichen vorgibt. Die Vernunft erscheint nicht mehr als Quelle der Wahrheit; die instrumentelle, subjektive Vernunft habe mit ihrer Totalisierung der Zweckrationalität jede philosophische Tradition zerstört. „In der Neuzeit", so Horkheimer (Bd. 6, S. 23), „hat die Vernunft eine Tendenz entfaltet, ihren eigenen objektiven Inhalt aufzulösen." Nur zweckgerichtetes Verhalten wird als rational verstanden, nur was der Selbsterhaltung dient, gilt als vernünftig. Die Wahrheit der instrumentellen Vernunft zeigt sich im Erfolg. „Die Vernunft ist gänzlich in den gesellschaftlichen Prozeß eingespannt. Ihr operativer Wert, ihre Rolle bei der Beherrschung der Menschen und der Natur, ist zum einzigen Kriterium gemacht worden." (Bd. 6, S. 30)

Die Kritik der instrumentellen Vernunft gewinnt an Kontur, wenn man erneut die ‚Dialektik der Aufklärung‘ hinzuzieht. Aufklärung meint dabei den gesamten okzidentalen Rationalisierungsprozess: „schon der Mythos ist Aufklärung" (Adorno Bd. 3, S. 16); dialektisch sei diese insofern, als sie sich aufgrund mangelnder Selbstbesinnung und damit vernünftiger Zielbestimmung in blinde Herrschaft verstrickt habe. Der umfassende Vernunftbegriff sei auf orientierungslose instrumentelle Vernunft, auf technisches Verteidigungswissen verkürzt worden: „Aufklärung schlägt in Mythologie zurück." (Adorno Bd. 3, S. 16) In diesem Kontext verdeutlicht sich Geschichte als Kampf zwischen dem Menschen und der (im Zusammenhang mit Wissenschaft beschriebenen) Natur. Nach Horkheimer und Adorno geht die Natur in bloße Objektivität über. Die Menschen bezahlen die Vermehrung ihres Wissens und ihrer Macht mit der Entfremdung von dem, worüber sie die Macht ausüben.

5.2   Theodor W. Adorno

„Bürgerliche ratio unternahm es, aus sich heraus die Ordnung zu produzieren, die sie draußen negiert hatte." Mit dieser Aussage Adornos in der ‚Negativen Dialektik' (Bd. 6, S. 32) lässt sich an den Inhalt der ‚Dialektik der Aufklärung' anknüpfen. Dieselbe Ratio, die die feudale Ordnung und ihre geistige Reflexionsgestalt, die scholastische Ontologie, zerstört hatte, begann alsbald vor dem, was unterhalb ihres Herrschaftsbereichs drohend fortdauerte, zu zittern. „Jene Angst prägte in ihren Anfängen die fürs bürgerliche Denken insgesamt konstitutive Verhaltensweise aus, jeden Schritt hin zur Emanzipation eilends zu neutralisieren durch Bekräftigung von Ordnung. Im Schatten der Unvollständigkeit seiner Emanzipation muß das bürgerliche Bewußtsein fürchten, von einem fortgeschritteneren kassiert zu werden; es ahnt, daß es, weil es nicht die ganze Freiheit ist, nur deren Zerrbild hervorbringt; darum weitet es seine Autonomie theoretisch zum System aus, das zugleich seinem Zwangsmechanismus ähnelt." (Ebd.)

Um die erwähnte *ganze Freiheit*, um eine *Welt ohne Zwang* geht es Adorno. Der Horizont der Freiheit, des Abbaus von Herrschaft, ist durch die Bemühung um die kritische Analyse der instrumentellen Vernunft vorzubereiten. Die Vernunft ist zum einen apologetisch, indem sie Machtverhältnisse instrumentell ermöglicht und ideologisch stützt, sie war und ist zum anderen – als Beitrag zum Emanzipationsprozess – auch Kritik. Dementsprechend hält die Kritische Theorie Adornos am ursprünglichen Konzept der Aufklärung bzw. an ihrer Intention fest und ist zugleich nur mehr als *Selbstkritik* möglich. Mit anderen Worten: Der Apologie des Bestehenden mit dem Mittel und durch den Ansatz von Vernunft entgegengerichtet und ihr gleichwohl verhaftet, erweist sich die negative Dialektik in ihrer kritischen Tradition vorrangig als Kritik und Selbstkritik – als Kritik apologetischer Vernunft. „Nicht das Gute", so heißt es schon in der ‚Dialektik der Aufklärung' (Bd. 3, S. 247), „sondern das Schlechte ist der Gegenstand der Theorie. Sie setzt die Reproduktion des Lebens in den je bestimmten Formen schon voraus. Ihr Element ist die *Freiheit*, ihr Thema die *Unterdrückung*" (Adorno Bd. 3, S. 55).

Diese Thematik der Unterdrückung durchzieht auch Adornos Artikel ‚Gesellschaft' im ‚Evangelischen Staatslexikon' (1965). Die Gesellschaft als umfassendstes System des menschlichen Zusammenlebens ist wesentlich *Prozess* (Bd. 8, S. 9): Dieser Prozess hat das spezifisch Gesellschaftliche immer stärker ausgeprägt, nämlich das „Übergewicht von Verhältnissen über die Menschen, deren entmächtigte Produkte diese nachgerade sind". Herrschaft von Menschen über Menschen, so lautet das gesellschaftliche Prinzip, das „reine Prinzip des Füranderesseins, des Warencharakters" (Bd. 6, S. 101). Der Warencharakter vermittelt diese Herrschaft und fixiert die Subjekte in ihrer Unmündigkeit. Oder, wie Adorno (Bd. 8, S. 14) im Artikel ‚Gesellschaft‘ schreibt: Es versteckt sich die Herrschaft von Menschen über Menschen „in der Reduktion der Menschen auf Agenten und Träger des Warentauschs (…) Das bleibt wahr trotz all der Schwierigkeiten, denen mittlerweile manche Kategorien der Kritik der politischen Ökonomie konfrontiert sind. Der totale Zusammenhang hat die Gestalt, daß alle dem Tauschgesetz sich unterwerfen müssen, wenn sie nicht zugrunde gehen wollen, gleichgültig, ob sie subjektiv von einem ‚Profitmotiv‘ geleitet werden oder nicht."

Diese Kritik am Tauschprinzip, schon immer wesentlicher Bestandteil der Kritischen Theorie, erfährt in Adornos Schriften von den Fünfzigerjahren des 20. Jahrhunderts an eine weitere Akzentuierung, verbindet sich doch mit dem Tauschprinzip – wie es in der ‚Negativen Dialektik‘ (Bd. 6, S. 150) heißt – „unmittelbare Aneignung, Gewalt, heutzutage: nacktes Privileg von Monopolen und Cliquen". Das tendenziell verabsolutierte Tauschprinzip beseitigt in der Produktions- wie in der Privatsphäre mit den qualitativen Unterschieden sukzessive die Möglichkeit, dass der Mensch, wie im traditionellen Liberalismus, „sein Leben in einem einigermaßen durchsichtigen Sinn" selbst bestimmt, wie Adorno bereits in den ‚Minima Moralia‘ (Bd. 4, S. 54) schreibt. In den Analysen der Fünfziger- und Sechzigerjahre verweist Adorno immer wieder auf die Allgemeinheit eines gesellschaftlichen Funktionszusammenhangs, der durch das Tauschprinzip bestimmt ist. Was sich hinter dem Schein der Zirkulation und den damit verbundenen bürgerlichen Denkformen verbirgt, ist jene negative, auf der Negation des Besonderen, des Gebrauchswerts beruhende Allgemeinheit, die Marx als *abstrakte* bzw. *entfremdete* Arbeit bezeichnet hat. Gegenüber dem Gebrauchswert sei die negative Allgemeinheit des Wertverhältnisses, der Tauschwert, zwar ein bloß Gedachtes: ein *Schein über die Wirklichkeit*. „Zugleich aber ist", so Adorno (Bd. 8, S. 209), „jener Schein das allerwichtigste, die Formel, nach der die Welt verhext ward." In der hochkapitalistischen Gesellschaft – in der des *Spätkapitalismus* – wird definitiv der Gebrauchswert „durch den Tauschwert ersetzt, der gerade als Tauschwert die Funktion des Gebrauchswertes trügend übernimmt" (Adorno Bd. 14, S. 25). Dass sich in manchen Aussagen Adornos die Kritik von der tauschwertsetzenden auf die gebrauchswertsetzende Arbeit verlagert, braucht hier nicht erörtert zu werden. Wesentlich bleibt das Phänomen des Spätkapitalismus, das Adorno in seinem ‚Einleitungsvortrag‘ zum 16. Deutschen Soziologentag (1968) thematisiert.

In diesem Einleitungsvortrag (Bd. 8, S. 364) verteidigt Adorno den Terminus *Spätkapitalismus* gegenüber dem der *Industriegesellschaft*, der in gewissem Sinne suggeriere, das Wesen der Gesellschaft folge aus dem Stand der Produktivkräfte, unabhängig von deren gesellschaftlichen Bedingungen. Gerade die *gesellschaftlichen Bedingungen* aber erweisen sich für Adorno als ausschlaggebend: die Gesellschaft ist in ihren Produktionsverhältnissen Kapitalismus. „Stets noch sind die Menschen, was sie nach der Marxschen Analyse um die Mitte des 19. Jahrhunderts waren: Anhängsel an die Maschinerie, nicht mehr bloß buchstäblich die Arbeiter, welche nach der Beschaffenheit der Maschinen sich einzurichten haben, die sie bedienen, sondern weit darüber hinaus metaphorisch, bis in ihre intimsten Regungen hinein genötigt, dem Gesellschaftsmechanismus als Rollenträger sich einzuordnen und ohne Reservat nach ihm sich zu modeln. Produziert wird heute wie ehedem um des Profits willen. Über alles zur Zeit von Marx Absehbare hinaus sind die Bedürfnisse, die es potentiell längst waren, vollends zu Funktionen des Produktionsapparates geworden, nicht umgekehrt." (Bd. 8, S. 361)

Nach dem Stand ihrer Produktivkräfte könne man die Gesellschaft durchaus *Industriegesellschaft* nennen, industrielle Arbeit sei unbestreitbar überall zum Muster der Gesellschaft geworden. Die Produktionsverhältnisse aber seien, wie gesagt, dieselben geblieben, und der Gesellschaftsmechanismus gründe noch immer auf Antagonismen. „Konflikte wie die typischen zwischen Vorgesetzten und Abhängigen sind nicht ein Letztes und Irreduzibles an dem Ort, an dem sie sich zutragen. Vielmehr sind sie die Masken tragender Antagonismen." (Bd. 8, S. 10)

Mit diesem Hinweis ist zugleich das Klassenverhältnis angedeutet. Darüber, dass man von einem proletarischen Klassenbewusstsein in den maßgeblichen kapitalistischen Ländern nicht sprechen kann, ist sich Adorno bewusst. Doch das fehlende Bewusstsein widerlegt ihm zufolge nicht die Existenz von Klassen. Der Begriff der Klasse ist von Marx durch die Stellung zu den Produktionsmitteln bestimmt und nicht durch das Bewusstsein ihrer Angehörigen. In den hochkapitalistischen Ländern mochte das Klassenbewusstsein zurücktreten; aber es war ja „nirgends gesellschaftlich schlechthin gegeben, der Theorie zufolge erst von dieser hervorzubringen" (Adorno Bd. 8, S. 15). Dies freilich musste in dem Maße misslingen, in dem die Gesellschaft auch die Formen des Bewusstseins integrierte. „Ohne daß die Massen, und zwar gerade wegen ihrer sozialen Integration, ihr gesellschaftliches Schicksal irgend mehr in der Hand hätten als vor 120 Jahren, entraten sie nicht nur der Klassensolidarität, sondern des vollen Bewußtseins dessen, daß sie Objekte, nicht Subjekte des gesellschaftlichen Prozesses sind, den sie doch als Subjekte in Gang halten." (Bd. 8, S. 358) Doch, wie erwähnt, dieser Sachverhalt ändert Adorno zufolge nichts am Charakter der Gesellschaft als Klassengesellschaft. „Subjektiv verschleiert wächst objektiv der Klassenunterschied vermöge der unaufhaltsam

fortschreitenden Konzentration des Kapitals an." (Bd. 8, S. 15) Und im ‚Einleitungsvortrag' zum 16. Deutschen Soziologentag (Bd. 8, S. 360) umschreibt Adorno das
Phänomen wie folgt: „Weiter wird Herrschaft über Menschen ausgeübt durch den
ökonomischen Prozeß hindurch (…) Jener Prozeß produziert und reproduziert
nach wie vor, wenn schon nicht die Klassen, so, wie sie in Zolas Germinal dargestellt sind, zumindest eine Struktur, welche der Antisozialist Nietzsche mit der
Formel Kein Hirt und eine Herde vorwegnahm. In ihr aber birgt sich, was er nicht
sehen wollte: die alte, nur anonym gewordene gesellschaftliche Unterdrückung."
In diesem Zusammenhang heißt es zu der von Marx vorausgesagten Verelendung:
„Hat schon die Verelendungstheorie nicht à la lettre sich bewahrheitet, so doch in
dem nicht weniger beängstigenden Sinn, daß Unfreiheit, Abhängigkeit von einer
dem Bewußtsein derer, die sie bedienen, entlaufenen Apparatur universal über die
Menschen sich ausbreitet" (Adorno Bd. 8, S. 360).

Unter diesen Umständen vermerkt Adorno, dass die Produktivkräfte und die
Produktionsverhältnisse sich nicht nur verträglich zeigen, sondern – wie im ersten
Abschnitt dieses Kapitels erwähnt – auch eine neue Synthese eingegangen sind, in der
Adorno das Moment der Vermittlung von letzteren bestimmt sieht. In der aktuellen
verwalteten Welt mit ihren metaökonomischen Herrschaftsverhältnissen werden
damit die strukturellen Differenzen zwischen den einzelnen Gesellschaftssphären
hinfällig: „Materielle Produktion, Verteilung, Konsum werden gemeinsam verwal-
tet. Ihre Grenzen, die einmal innerhalb des Gesamtprozesses dessen aufeinander
bezogene Sphären doch auch voneinander schieden, und dadurch das qualitativ
Verschiedene achteten, verfließen." (Bd. 8, S. 369) Dessen eingedenk wendet sich
Adornos Kritik gegen Marx' Vertrauen auf den geschichtlichen Primat der Produktivkräfte und auf die Sprengkraft des Widerspruchs zwischen den wachsenden
Produktivkräften und den hemmenden Produktionsverhältnissen. Adorno (Bd. 8,
S. 363) sieht demgegenüber die moderne bürgerliche Gesellschaft durch statische
Aspekte charakterisiert, trotz ihrer vorgeblichen Dynamik und des Anwachsens
ihrer Produktion: Er erkennt diese Aspekte in den Produktionsverhältnissen, die
„nicht länger mehr allein solche des Eigentums, sondern der Administration, bis
hinauf zur Rolle des Staates als des Gesamtkapitalisten", seien. So bestehe denn
auch eines der wesentlichen Merkmale der kapitalistischen Gesellschaft darin, dass
die Politik ein Maß an Autonomie geltend mache, das weit über alles hinausreiche,
was Marx vorausgesagt habe. Der staatlich-wirtschaftliche Interventionismus ist
nach Adorno (Bd. 8, S. 367) systemimmanent zu werten: „Inbegriff von Selbstver-
teidigung". Im Interventionismus habe die Resistenzkraft des Systems, indirekt
aber auch die Zusammenbruchstheorie, sich bestätigt.

Die Resistenzkraft des Systems wird immer wieder thematisiert; auch unter diesem
Aspekt muss für Adorno (Bd. 6, S. 161) die Negation der Negation, die noch Marx

motiviert hat, ausbleiben: „Unmittelbar ist das Nichtidentische nicht als seinerseits Positives zu gewinnen und auch nicht durch Negation des Negativen." Die Dialektik vermag nur eine negative zu sein – ein gegen Hegel und Marx gerichteter Gedanke –, aber auch die Negativität ist dialektisch. Mit anderen Worten (und ohne hier auf die philosophische Gesamtproblematik der ‚Negativen Dialektik' eingehen zu können): Die Negation schlägt nie ins Positive um, sie bleibt vielmehr, was sie ist: die Aufhebung eines Je-Spezifischen – und nicht die Aufhebung als synthetische Konstitution neuer Unmittelbarkeit. Nur in dieser Insistenz auf die Qualitäten der Bestimmung kann Positives je wirklich sein und werden. Damit ist die Dialektik aber auch praktisch. Denn indem sie alles als negierbar ansieht, entschleiert sie jedes Beständig-Gedachte. Insofern darf die Dialektik nicht verstummen, unversöhnliches Denken erweist sich als notwendig: „Unversöhnlichem Denken ist die Hoffnung auf Versöhnung gesellt, weil der Widerstand des Denkens gegen das bloß Seiende, die gebieterische Freiheit des Subjekts, auch das am Objekt intendiert, was durch dessen Zurüstung zum Objekt diesem verloren ging." (Bd. 6, S. 31)

Das Subjekt muss „am Nichtidentischen wiedergutmachen, was es daran ver- übt hat" (Bd. 6, S. 149). Damit wird in der ‚Negativen Dialektik' erneut die in der ‚Dialektik der Aufklärung' geforderte Selbstkritik der Aufklärung, die Aufklärung der Aufklärung, herausgestellt. Es geht um das kritische Bewusstsein, das die Zurichtung von Rationalität durch den Anspruch der Ratio selbst zu korrigieren versucht, indem aus der Kraft der Ratio die Rationalität als Bewusstsein entbunden wird, die dann in verändernde Praxis überzugehen vermag. Die ‚Negative Dia- lektik' ist demgemäß nicht einfach eine Methodologie oder Metatheorie, sondern das „Unternehmen einer Selbstkritik der Theorie": der „kritische Nachvollzug der Bewegung des Gedankens als Gedanke, wobei der Nachvollzug sich materialistisch als Gedanke weiß" (Adorno Bd. 6, S. 148). Die Kritik ist (wie oben erwähnt) Kritik *und* Selbstkritik. Kritisch gibt sie sich auch Zwecken nicht preis, und in diesem Sinne insistiert sie kritisch auf den Begriff der Vernunft, an dem sie festhält. Adorno will so das sich allzu selbstgewisse Bewusstsein infrage stellen und die Vernunft, ihren immanenten Paradoxien zum Trotz, zur Geltung bringen. Gefordert ist in diesem Zusammenhang die Fantasie als Organon von Modellen: die *dialektische Fantasie*. Diese Fantasie entfaltet sich in und an der Kritik, vor allem an der des totalitär gewordenen Gesellschafts- und Denkzusammenhangs, der die negative Dialektik dient. Diese mobilisiert das Denken in Widersprüchen, und „Wider- sprüchlichkeit ist eine Reflexionskategorie, die denkende Konfrontation von Begriff und Sache" (Bd. 6, S. 148). Einem solchen Denken (S. 203 f.) dürfte sich der Zweck enthüllen, „der allein Gesellschaft zur Gesellschaft macht, daß sie so eingerichtet werde, wie die Produktionsverhältnisse (...) unerbittlich es verhindern, und wie es den Produktivkräften nach hier und heute unmittelbar möglich wäre. Eine solche

Einrichtung hätte ihr Telos an der Negation des physischen Leidens noch des letzten ihrer Mitglieder, und der inwendigen Reflexionsformen jenes Leidens. Sie ist das Interesse aller, nachgerade einzig durch eine sich selbst und jedem Lebenden durchsichtige Solidarität zu verwirklichen."

Unumgänglich ist somit die Reflexion bzw. die Selbstreflexion. Auch die Aufklärung ohne Reflexion erweist sich für Adorno (Bd. 5, S. 87) als eine *besinnungslose* Aufklärung. Ihre Selbstreflexion ist demgegenüber der Versuch, ihr Bestes zu retten: Kritik, die der Verdinglichung gewachsen ist. Deshalb muss Reflexion als jenes *Geringe*, wodurch „der Mensch sich selbst perpetuierendes Naturwesen, über Natur und Selbsterhaltung wie immer ohnmächtig doch hinausreicht", gewonnen werden (Adorno Bd 10.2, S. 461). An diesen Gedanken hat Adorno (Bd. 10.2, S. 461) trotz aller Widrigkeiten der gesellschaftlichen Gegebenheiten unbeirrt festgehalten. Reflexion ist für die Erkenntnis unentbehrlich, „warum die Welt, die jetzt, hier das Paradies sein könnte, morgen zur Hölle werden kann (…) Praxis, welche die Herstellung einer vernünftigen und mündigen Menschheit bezweckt, verharrt im Bann des Unheils, ohne eine das Ganze in seiner Unwahrheit denkende Theorie. Daß diese nicht den Idealismus aufwärmen darf, sondern die gesellschaftliche und politische Realität und ihre Dynamik in sich hineinnehmen muß, bedarf keines Wortes."

Ebenso sehr wie am Gedanken der Reflexion hat Theodor W. Adorno (Bd. 6, S. 198) an der Idee der Wahrheit festgehalten: „In der Idee objektiver Wahrheit wird materialistische Dialektik notwendig philosophisch, trotz und vermöge aller Philosophiekritik, die sie übt." Die Philosophie als „Anstrengung, über den Begriff durch den Begriff hinauszugelangen" – Adornos Versuch (Bd. 6, S. 27), die aufgebrochene Antithese von Idealismus und Ontologie zu vermitteln –, und die von Adorno der Gesellschaftskritik überantwortete philosophische Problematik zeigen ihren engen Gesellschaftsbezug. Zudem enthält der Begriff der Philosophie viel von dem, was Marx meinte, wenn er von der „Aufhebung der Philosophie in begriffene Geschichte und geschichtliche Aktion sprach" (Adorno Bd. 8, S. 383). Und der Terminus der Wahrheit wiederum muss auf die Lehre vom *Zeitkern der Wahrheit* (Walter Benjamin) bezogen werden, wonach Wahrheit nicht in der Zeit, sondern Zeit, umgekehrt, in der Wahrheit ist. In diesem Zusammenhang bleibt für Adorno (Bd. 6, S. 390 f.) das Metaphysische dann auch mit dem physischen Schicksal der Menschen verbunden: „Metaphysische Spekulation", so Adorno, „vereint sich der geschichtsphilosophischen: sie traut die Möglichkeit eines richtigen Bewußtseins auch von jenen letzten Dingen erst einer Zukunft ohne Lebensnot zu (…) Die metaphysischen Interessen der Menschen bedürfen der ungeschmälerten Wahrnehmung ihrer materiellen. Solange diese ihnen verschleiert sind, leben sie unterm Schleier der Maja. Nur wenn, was ist, sich ändern läßt, ist das, was ist, nicht alles."

Briefe[7]   6

Nach dieser Betrachtung der Staatstheorie von Karl Marx, die zu seinem 200. Geburtstag erscheint, dürfte es angezeigt sein, ein paar Worte zur Person des großen Philosophen und Ökonomen und zu seiner Zeit zu bringen. Daran werden sich Briefe anschließen: der Brief des jungen Marx an seinen Vater, der spätere Briefwechsel zwischen Marx und Engels von 1868 bis 1870 und die Briefe, die Marx in diesem Zeitraum an Dritte, in den jeweiligen Fußnoten vorgestellte Personen, richtete.

Zunächst zu Marx und seiner Zeit: Die kapitalistische Gesellschaftsformation hatte sich hinlänglich herausgebildet, um Gegenstand einer geschlossenen Theorie zu werden, wie sie im späteren Werk von Marx zutage tritt. Es war ihm zuzustimmen, dass die wahre Theorie innerhalb konkreter Zustände klargemacht und entwickelt werden müsse. Und so haben Marx und Engels ihre Konzeption auch auf die Sozial- und Wirtschaftsgeschichte ihrer Zeit bezogen und daraus bedeutsame Einsichten gewonnen. Immer wieder werden die theoretischen Darlegungen durch empirische Exkurse und Illustrationen unterbrochen. Aus diesen Gegebenheiten sind zunächst Marx' Frühschriften entstanden, die insbesondere die Problematik der Emanzipation und der Entfremdung behandeln. Die betreffenden Studien – ‚Zur Judenfrage‘ und die berühmten Pariser ‚Ökonomisch-philosophischen Manuskripte‘ – wurden im Jahre 1844 verfasst, in dem Marx in Paris die ‚Deutsch-Französischen Jahrbücher‘ mit herausgab und die enge Zusammenarbeit mit Engels begann. Davor (1843) war die von Marx redaktionell betreute ‚Rheinische Zeitung‘ verboten worden; Marx hatte Deutschland verlassen und war im Revolutionsjahr 1848 nur noch ein Mal nach dort zurückgekehrt, um mit Engels an den Ereignissen teilzunehmen. Kurz zuvor war in Brüssel im Auftrag des ‚Bundes der Kommunisten‘ das ‚Manifest der Kommunistischen Partei‘ entstanden.

---

7 Die nachfolgenden Briefe wurden (mit einer Ausnahme aus Bd. 40) dem Bd. 32 der MEW-Ausgabe entnommen.

© Springer Fachmedien Wiesbaden GmbH, ein Teil von Springer Nature 2018
W. Röhrich, *Karl Marx und seine Staatstheorie*,
https://doi.org/10.1007/978-3-658-21482-1_6

Nachdem Marx auch aus Frankreich und Belgien ausgewiesen worden war, begann für ihn von 1849 an die Exilzeit in London, wo er im British Museum seine bedeutenden Studien fortsetzte. Die wohl wichtigste Erkenntnis dieser Studien war die von Marx und Engels hervorgehobene Interpretation, wonach der Staat zum Machtinstrument in den Händen bestimmter Klassen geworden sei. Beide kennzeichneten den Staat – das Objekt der vorliegenden Betrachtung – als eine „Organisation der jedesmaligen ausbeutenden Klasse zur Aufrechterhaltung ihrer Produktionsbedingungen, also namentlich zur gewaltsamen Niederhaltung der ausgebeuteten Klasse in den durch die bestehende Produktionsweise gegebenen Bedingungen der Unterdrückung" (MEW Bd. 20, S. 261). Der Staat ist mithin Klassenstaat und als solcher einseitig bestimmt. Es handelt sich auch in der bürgerlichen Gesellschaft um keinen neutralen Staat; in der im Buchtext zitierten ‚Kritik des Hegelschen Staatsrechts' heißt es: „Welches ist also die Macht des politischen Staates über das Privateigentum? Die eigene Macht des Privateigentums, sein zur Existenz gebrachtes Wesen."

Brief an den Vater[8]

Berlin, den 10ten November [1837]

Teurer Vater!
Es gibt Lebensmomente, die wie Grenzmarken vor eine abgelaufene Zeit sich stellen, aber zugleich auf eine neue Richtung mit Bestimmtheit hinweisen.

In solch einem Übergangspunkte fühlen wir uns gedrungen, mit dem Adlerauge des Gedankens das Vergangene und Gegenwärtige zu betrachten, um so zum Bewußtsein unserer wirklichen Stellung zu gelangen. Ja, die Weltgeschichte selbst liebt solches Rückschaun und besieht sich, was ihr dann oft den Schein des Rückgehns und Stillstandes aufdrückt, während sie doch nur in den Lehnstuhl sich wirft, sich zu begreifen, ihre eigne, des Geistes Tat geistig zu durchdringen.

Der einzelne aber wird in solchen Augenblicken lyrisch, denn jede Metamorphose ist teils Schwanensang, teils Ouvertüre eines großen neuen Gedichtes, das in noch verschwimmenden, glanzreichen Farben Haltung zu gewinnen strebt; und dennoch möchten wir ein Denkmal setzen dem einmal Durchlebten, es soll in der Empfindung den Platz wiedergewinnen, den es für das Handlen verlor, und wo fände es eine heiligere Stätte als an dem Herzen von Eltern, dem mildesten Richter,

---

8   Dieser Brief wurde Bd. 40 der MEW-Ausgabe entnommen.

dem innigsten Teilnehmer, der Sonne der Liebe, deren Feuer das innerste Zentrum unserer Bestrebungen erwärmt! Wie könnte besser manches Mißliebige, Tadelnswerte seine Ausgleichung und Verzeihung erhalten, als wenn es zur Erscheinung eines wesentlich notwendigen Zustandes wird, wie könnte wenigstens das oft widrige Spiel der Zufälligkeit, der Verirrung des Geistes dem Vorwurfe mißgestalteten Herzens entzogen werden?

Wenn ich also jetzt am Schlusse eines hier verlebten Jahres einen Blick auf die Zustände desselben zurückwerfe und so, mein teurer Vater, Deinen so lieben, lieben Brief von Ems beantworte, so sei es mir erlaubt, meine Verhältnisse zu beschauen, wie ich das Leben überhaupt betrachte, als den Ausdruck eines geistigen Tuns, das nach allen Seiten hin, in Wissen, Kunst, Privatlagen dann Gestalt ausschlägt.

Als ich Euch verließ, war eine neue Welt für mich erstanden, die der Liebe, und zwar im Beginne sehnsuchtstrunkner, hoffnungsleerer Liebe. Selbst die Reise nach Berlin, die mich sonst im höchsten Grade entzückt, zu Naturanschauung aufgeregt, zur Lebenslust entflammt hätte, ließ mich kalt, ja sie verstimmte mich auffallend, denn die Felsen, die ich sah, waren nicht schroffer, nicht kecker als die Empfindungen meiner Seele, die breiten Städte nicht lebendiger als mein Blut, die Wirtshaustafeln nicht überladener, unverdaulicher als die Phantasiepakete, die ich trug, und endlich die Kunst nicht so schön als Jenny.

In Berlin angekommen, brach ich alle bis dahin bestandenen Verbindungen ab, machte mit Unlust seltene Besuche und suchte in Wissenschaft und Kunst zu versinken.

Nach der damaligen Geisteslage mußte notwendig lyrische Poesie der erste Vorwurf, wenigstens der angenehmste, nächstliegende sein, aber, wie meine Stellung und ganze bisherige Entwickelung es mit sich brachten, war sie rein idealistisch. Ein ebenso fernliegendes Jenseits, wie meine Liebe, wurde mein Himmel, meine Kunst. Alles Wirkliche verschwimmt, und alles Verschwimmende findet keine Grenze, Angriffe auf die Gegenwart, breit und formlos geschlagenes Gefühl, nichts Naturhaftes, alles aus dem Mond konstruiert, der völlige Gegensatz von dem, was da ist und dem, was sein soll, rhetorische Reflexionen statt poetischer Gedanken, aber vielleicht auch eine gewisse Wärme der Empfindung und Ringen nach Schwung bezeichnen alle Gedichte der ersten drei Bände, die Jenny von mir zugesandt erhielt. Die ganze Breite eines Sehnens, das keine Grenze sieht, schlägt sich in mancherlei Form und macht aus dem „Dichten" ein „Breiten".

Nun durfte und sollte die Poesie nur Begleitung sein; ich mußte Jurisprudenz studieren und fühlte vor allem Drang, mit der Philosophie zu ringen. Beides wurde so verbunden, daß ich teils Heineccius, Thibaut und die Quellen rein unkritisch, nur schülerhaft durchnahm, so z. B. die zwei ersten Pandektenbücher ins Deutsche übersetzte, teils eine Rechtsphilosophie durch das Gebiet des Rechts durchzuführen suchte. Als Einleitung schickte ich einige metaphysische Sätze voran und führte dieses unglückliche Opus bis zum öffentlichen Rechte, eine Arbeit von beinahe 300 Bogen.

Vor allem trat hier derselbe Gegensatz des Wirklichen und Sollenden, der dem Idealismus eigen, sehr störend hervor und war die Mutter folgender unbehülflich unrichtiger Einteilung. Zuerst kam die von mir gnädig so getaufte Metaphysik des Rechts, d. h. Grundsätze, Reflexionen, Begriffsbestimmungen, getrennt von allem wirklichen Rechte und jeder wirklichen Form des Rechtes, wie es bei Fichte vorkömmt, nur bei mir moderner und gehaltloser. Dabei war die unwissenschaftliche Form des mathematischen Dogmatismus, wo das Subjekt an der Sache umherläuft, hin und her räsoniert, ohne daß die Sache selbst als reich Entfaltendes, Lebendiges sich gestaltete, von vornherein Hindernis, das Wahre zu begreifen. Das Dreieck läßt den Mathematiker konstruieren und beweisen, es bleibt bloße Vorstellung im Raume, es entwickelt sich zu nichts Weiterem, man muß es neben anderes bringen, dann nimmt es andere Stellungen ein, und dieses verschieden an dasselbe Gebrachte gibt ihm verschiedene Verhältnisse und Wahrheiten. Dagegen im konkreten Ausdruck lebendiger Gedankenwelt, wie es das Recht, der Staat, die Natur, die ganze Philosophie ist, hier muß das Objekt selbst in seiner Entwicklung belauscht, willkürliche Einteilungen dürfen nicht hineingetragen, die Vernunft des Dinges selbst muß als in sich Widerstreitendes fortrollen und in sich seine Einheit finden.

Als zweiter Teil folgte nun die Rechtsphilosophie, d. h. nach meiner damaligen Ansicht die Betrachtung der Gedankenentwicklung im positiven römischen Rechte, als wenn das positive Recht in seiner Gedankenentwicklung (ich meine nicht in seinen rein endlichen Bestimmungen) überhaupt irgend etwas sein könnte, verschieden von der Gestaltung des Rechtsbegriffes, den doch der erste Teil umfassen sollte.

Diesen Teil hatte ich nun noch obendrein in formelle und materielle Rechtslehre geteilt, wovon die erste die reine Form des Systems in seiner Aufeinanderfolge und seinem Zusammenhang, die Einteilung und den Umfang, die zweite hingegen den Inhalt, das Sichverdichten der Form in ihren Inhalt beschreiben sollte. Einen Irrtum, den ich mit dem Herrn v. Savigny gemein habe, wie ich später in seinem gelehrten Werke vom Besitz gefunden, nur mit dem Unterschied, daß er formelle Begriffsbestimmung nennt, „die Stelle zu finden, welche die und die Lehre im (fingierten) römischen System einnimmt", und materielle, „die Lehre von dem Positiven, was die Römer einem so fixierten Begriff beigelegt", während ich unter Form die notwendige Architektonik der Gestaltungen des Begriffs, unter Materie die notwendige Qualität dieser Gestaltungen verstanden. Der Fehler lag darin, daß ich glaubte, das eine könne und müsse getrennt von dem anderen sich entwickeln, und so keine wirkliche Form, sondern einen Sekretär mit Schubfächern erhielt, in die ich nachher Sand streute.

Der Begriff ist ja das Vermittelnde zwischen Form und Inhalt. In einer philosophischen Entwicklung des Rechts muß also eins in dem andern hervorspringen; ja die Form darf nur der Fortgang des Inhaltes sein. So kam ich denn zu einer Einteilung, wie das Subjekt sie höchstens zur leichten und seichten Klassifizierung entwerfen kann, aber der Geist des Rechtes und seine Wahrheit ging unter. Alles Recht zerfiel in vertrags- und unvertragsmäßiges.

(...)

Doch was soll ich weiter die Blätter füllen mit Sachen, die ich selbst verworfen? Trichotomische Einteilungen gehn durch das Ganze durch, es ist mit ermüdender Weitläufigkeit geschrieben und die römischen Vorstellungen auf das barbarischste mißbraucht, um sie in mein System zu zwängen. Von der anderen Seite gewann ich so Liebe und Überblick zum Stoffe wenigstens auf gewisse Weise.

Am Schlusse des materiellen Privatrechtes sah ich die Falschheit des Ganzen, das im Grundschema an das Kantische grenzt, in der Ausführung gänzlich davon abweicht, und wiederum war es mir klargeworden, ohne Philosophie sei nicht durchzudringen. So durfte ich mit gutem Gewissen mich abermals in ihre Arme werfen und schrieb ein neues metaphysisches Grundsystem, an dessen Schluß ich abermals seine und meiner ganzen früheren Bestrebungen Verkehrtheit einzusehn gezwungen wurde.

Dabei hatte ich die Gewohnheit mir eigen gemacht, aus allen Büchern, die ich las, Exzerpte zu machen, so aus Lessings „Laokoon", Solgers „Erwin", Winckelmanns Kunstgeschichte, Ludens deutscher Geschichte, und so nebenbei Reflexionen niederzukritzeln. Zugleich übersetzte ich Tacitus' Germania, Ovids libri tristium und fing privatim, d. h. aus Grammatiken, Englisch und Italienisch an, worin ich bis jetzt nichts erreicht, las Kleins Kriminalrecht und seine Annalen und alles Neueste der Literatur, doch nebenhin das letztere.

Am Ende des Semesters suchte ich wieder Musentänze und Satyrmusik, und schon in diesem letzten Heft, das ich Euch zugeschickt, spielt der Idealismus durch erzwungnen Humor („Scorpion und Felix"), durch ein mißlungenes, phantastisches Drama („Oulanem") hindurch, bis er endlich gänzlich umschlägt und in reine Formkunst, meistenteils ohne begeisternde Objekte, ohne schwunghaften Ideengang, übergeht.

Und dennoch sind diese letzten Gedichte die einzigen, in denen mir plötzlich wie durch einen Zauberschlag – ach! der Schlag war im Beginn zerschmetternd – das Reich der wahren Poesie wie ein ferner Feenpalast entgegenblitzte und alle meine Schöpfungen in nichts zerfielen.

Daß bei diesen mancherlei Beschäftigungen das erste Semester hindurch viele Nächte durchwacht, viele Kämpfe durchstritten, viele innere und äußere Anregung erduldet werden mußte, daß ich am Schlusse doch nicht sehr bereichert hinaustrat und dabei Natur, Kunst, Welt vernachlässigt, Freunde abgestoßen hatte, diese Reflexion schien mein Körper zu machen, ein Arzt riet mir das Land, und so geriet ich zum ersten Mal durch die ganze lange Stadt vor das Tor nach Stralow. Daß ich dort aus einem bleichsüchtigen Schmächtling zu einer robusten Festigkeit des Körpers heranreifen würde, ahnte ich nicht.

Ein Vorhang war gefallen, mein Allerheiligstes zerrissen, und es mußten neue Götter hineingesetzt werden.

Von dem Idealismus, den ich, beiläufig gesagt, mit Kantischem und Fichteschem verglichen und genährt, geriet ich dazu, im Wirklichen selbst die Idee zu suchen. Hatten die Götter früher über der Erde gewohnt, so waren sie jetzt das Zentrum derselben geworden.

Ich hatte Fragmente der Hegelschen Philosophie gelesen, deren groteske Felsenmelodie mir nicht behagte. Noch einmal wollte ich hinabtauchen in das Meer, aber mit der bestimmten Absicht, die geistige Natur ebenso notwendig, konkret und festgerundet zu finden wie die körperliche, nicht mehr Fechterkünste zu üben, sondern die reine Perle ans Sonnenlicht zu halten.

Ich schrieb einen Dialog von ungefähr 24 Bogen: „Kleanthes, oder vom Ausgangspunkt und notwendigen Fortgang der Philosophie". Hier vereinte sich einigermaßen Kunst und Wissen, die ganz auseinandergegangen waren, und ein rüstiger Wandrer schritt ich ans Werk selbst, an eine philosophisch-dialektische Entwicklung der Gottheit, wie sie als Begriff an sich, als Religion, als Natur, als Geschichte sich manifestiert. Mein letzter Satz war der Anfang des Hegelschen Systems, und diese Arbeit, wozu ich mit Naturwissenschaft, Schelling, Geschichte einigermaßen mich bekannt gemacht, die mir unendliches Kopfbrechen verursacht und so (...) geschrieben ist (da sie eigentlich eine neue Logik sein sollte), daß ich jetzt selbst mich kaum wieder hineindenken kann, dies mein liebstes Kind, beim Mondschein gehegt, trägt mich wie eine falsche Sirene dem Feind in den Arm.

Vor Ärger konnte ich einige Tage gar nichts denken, lief wie toll im Garten an der Spree schmutzigem Wasser, „das Seelen wäscht und Tee verdünnt", umher, machte sogar eine Jagdpartie mit meinem Wirte mit, rannte nach Berlin und wollte jeden Eckensteher umarmen.

Kurz darauf trieb ich nur positive Studien, Studium des „Besitzes" von Savigny, Feuerbachs und Grolmanns Kriminalrecht, de verborum significatione von Cramer, Wening-Ingenheims Pandektensystem und Mühlenbruch: doctrina Pandectarum, woran ich noch immer durcharbeite, endlich einzelne Titel nach Lauterbach, Zivilprozeß und vor allem Kirchenrecht, wovon ich den ersten Teil, die concordia discordantium canonum von Gratian fast ganz im corpus durchgelesen und exzerpiert habe, wie auch den Anhang, des Lancelotti Insitutiones. Dann übersetzte ich Aristoteles' Rhetorik teilweise, las des berühmten Baco v. Verulam: de augmentis scientiarum, beschäftigte mich sehr mit Reimarus, dessen Buch „Von den Kunsttrieben der Tiere" ich mit Wollust durchgedacht, verfiel auch auf deutsches Recht, doch hauptsächlich nur, insofern ich die Kapitulare der fränkischen Könige und der Päpste Briefe an sie durchnahm. Aus Verdruß über Jennys Krankheit und meine vergeblichen, untergegangenen Geistesarbeiten, aus zehrendem Ärger, eine mir verhaßte Ansicht zu meinem Idol machen zu müssen, wurde ich krank, wie ich schon früher Dir, teurer Vater, geschrieben. Wiederhergestellt, verbrannte ich alle Gedichte und Anlagen zu Novellen etc. in dem Wahn, ich könne ganz davon ablassen, wovon ich bis jetzt allerdings noch keine Gegenbeweise geliefert.

Während meines Unwohlseins hatte ich Hegel von Anfang bis Ende, samt den meisten seiner Schüler, kennengelernt. Durch mehre Zusammenkünfte mit Freunden in Stralow geriet ich in einen Doktorklub, worunter einige Privatdozenten und mein intimster der Berliner Freunde, Dr. Rutenberg. Hier im Streite offenbarte sich manche widerstrebende Ansicht, und immer fester kettete ich mich selbst an die jetzige Weltphilosophie, der ich zu entrinnen gedacht, aber alles Klangreiche war verstummt, eine wahre Ironiewut befiel mich, wie es wohl leicht nach so viel Negiertem geschehn konnte. Hinzu kam Jennys Stillschweigen, und ich konnte nicht ruhn, bis ich die Modernität und den Standpunkt der heutigen Wissenschaftsansicht durch einige schlechte Produktionen wie „Den Besuch" etc. erkauft hatte.

Wenn ich hier vielleicht Dir dies ganze letzte Semester weder klar dargestellt noch in alle Einzelheiten eingegangen, auch alle Schattierungen verwischt, so verzeihe es meiner Sehnsucht, von der Gegenwart zu reden, teurer Vater.

H. v. Chamisso hat mir einen höchst unbedeutenden Zettel zugeschickt, worin er mir meldet, „er bedaure, daß der Almanach meine Beiträge nicht brauchen könne, weil er schon lange gedruckt ist". Ich verschluckte ihn aus Ärger. Buchhändler Wigand hat meinen Plan dem Dr. Schmidt, Verleger des Wunderschen Kaufhauses von gutem Käse und schlechter Literatur, zugeschickt. Seinen Brief lege ich bei; der letztere hat noch nicht geantwortet. Indessen gebe ich keinenfalls diesen Plan auf, besonders da sämtliche ästhetischen Berühmtheiten der Hegelschen Schule durch Vermittlung des Dozenten Bauer, der eine große Rolle unter ihnen spielt, und meines Koadjutors Dr. Rutenberg, ihre Mitwirkung zugesagt.

Was nun die Frage hinsichtlich der kameralistischen Karriere betrifft, mein teurer Vater, so habe ich kürzlich die Bekanntschaft eines Assessors Schmidthänner gemacht, der mir geraten, nach dem dritten juristischen Examen als Justitiarus dazu überzugehn, was mir um so eher zusagen würde, als ich wirklich die Jurisprudenz aller Verwaltungswissenschaft vorziehe. Dieser Herr sagte mir, daß vom Münsterschen Oberlandesgericht in Westfalen er selber und viele andere in drei Jahren es bis zum Assessor gebracht, was nicht schwer sei, es versteht sich bei vielem Arbeiten, da hier die Stadien nicht wie in Berlin und anderswo fest bestimmt sind. Wenn man später als Assessor promoviert zum Dr., sind auch viel leichter Aussichten vorhanden, sogleich als außerordentlicher Professor eintreten zu können, wie es dem H. Gärtner in Bonn gegangen, der ein mittelmäßiges Werk über Provinzialgesetzbücher schrieb und sonst nur darin bekannt ist, daß er sich zur Hegelschen Juristenschule bekennt. Doch, mein teurer, bester Vater, wäre es nicht möglich, dies alles persönlich mit Dir zu besprechen! Eduards Zustand, des lieben Mütterchens Leiden, Dein Unwohlsein, obgleich ich hoffe, daß es nicht stark ist, alles ließ mich wünschen, ja macht es fast zur Notwendigkeit, zu Euch zu eilen. Ich würde schon da sein, wenn ich nicht bestimmt Deine Erlaubnis, Zustimmung bezweifelt.

Glaube mir, mein teurer, lieber Vater, keine eigennützige Absicht drängt mich (obgleich ich selig sein würde, Jenny wiederzusehn), aber es ist ein Gedanke, der mich treibt, und den darf ich nicht aussprechen. Es wäre mir sogar in mancher Hinsicht ein harter Schritt, aber wie meine einzige, süße Jenny schreibt, diese Rücksichten fallen alle zusammen vor der Erfüllung von Pflichten, die heilig sind.

Ich bitte Dich, teurer Vater, wie Du auch entscheiden magst, diesen Brief, wenigstens dies Blatt der Engelsmutter nicht zu zeigen. Meine plötzliche Ankunft könnte vielleicht die große, herrliche Frau aufrichten.

Der Brief, den ich an Mütterchen geschrieben, ist lange vor der Ankunft von Jennys liebem Schreiben abgefaßt, und so habe ich unbewußt vielleicht zuviel von Sachen geschrieben, die nicht ganz oder gar sehr wenig passend sind.

In der Hoffnung, daß nach und nach die Wolken sich verziehn, die um unsere Familie sich lagern, daß es mir selbst vergönnt sei, mit Euch zu leiden und zu weinen und vielleicht in Eurer Nähe den tiefen, innigen Anteil, die unermeßliche Liebe zu beweisen, die ich oft so schlecht nur auszudrücken vermag, in der Hoffnung, daß auch Du, teurer, ewig geliebter Vater, die vielfach hin- und hergeworfene Gestaltung meines Gemütes erwägend, verzeihst, wo oft das Herz geirrt zu haben scheint, während der kämpfende Geist es übertäubte, daß Du bald wieder ganz völlig hergestellt werdest, so daß ich selbst Dich an mein Herz pressen und mich ganz aussprechen kann

Dein Dich ewig liebender Sohn
Karl

* * *

Marx an Engels[9]

[London] 8. Jan. 1868

Dear Fred,

Ad vocem Dühring. Es ist viel von dem Mann, daß er den Abschnitt über die „*Ursprüngliche Akkumulation*" fast positiv akzeptiert. Er ist noch jung. Als Anhänger Careys im direkten Gegensatz zu den freetraders. Außerdem *Privatdozent*, also nicht unglücklich darüber, daß *Professor* Roscher, der ihnen allen den Weg versperrt, Fußtritte erhält. Mir ist eins aus seiner Charakteristik sehr ins Aug' gestochen. Nämlich, solang' die Wertbestimmung durch die Arbeitszeit wie bei Ricardo selbst „unbestimmt", macht sie die Leute nicht shaky. Sobald aber exakt mit dem Arbeitstag und seinen Variationen in Verbindung gebracht, geht ihnen ein ganz unangenehmer neuer Leuchter auf. Ich glaube, daß Dühring mit aus Malice gegen Roscher das Buch überhaupt besprochen hat. Seine Angst, auch verroschert zu werden, ist allerdings sehr riechbar. Sonderbar ist's, daß der Kerl die drei grundneuen Elemente des Buchs nicht herausfühlt, 1. daß im Gegensatz zu *aller* früheren Ökonomie, die *von vornherein* die besonderen Fragmente des Mehrwerts mit ihren fixen Formen von Rente, Profit, Zins als gegeben behandelt, von mir zunächst die allgemeine Form des Mehrwerts, worin all das sich noch ungeschieden, sozusagen in Lösung befindet, behandelt wird;

2. daß den Ökonomen ohne Ausnahme das Einfache entging, daß, wenn die Ware das Doppelte von Gebrauchswert und Tauschwert, auch die in der Ware dargestellte Arbeit Doppelcharakter besitzen muß, während die bloße Analyse auf Arbeit sans phrase wie bei Smith, Ricardo etc. überall auf Unerklärliches stoßen muß. Es ist dies in der Tat das ganze Geheimnis der kritischen Auffassung;

3. daß zum erstenmal der Arbeitslohn als irrationelle Erscheinungsform eines dahinter versteckten Verhältnisses dargestellt und dies genau an den beiden Formen des Arbeitslohns: Zeitlohn und Stücklohn dargestellt wird. (Daß in der höheren Mathematik sich öfter solche Formeln finden, war mir behülflich.)

Was die von Herrn Dühring gemachten bescheidenen Einwendungen gegen die Wertbestimmung betrifft, so wird er sich in Band II wundern, wie wenig die

---

9 Marx und Engels haben sich immer wieder darum bemüht, den ersten Band des ‚Kapitals' publik zu machen, was vor allem in der deutschen Arbeiterbewegung in hohem Maße gelang. Interessant waren nun die Rezensionen bürgerlicher Ökonomen, auf die sich Marx und Engels in mehreren Briefen bezogen. Ein Beispiel ist dieser Brief, in dem Marx sich mit der Rezension Eugen Dührings auseinandersetzt. Es sei viel von Dühring, so meinte er, „daß er den Abschnitt über die ‚Ursprüngliche Akkumulation' fast positiv" akzeptiere.

Wertbestimmung „unmittelbar" in der bürgerlichen Gesellschaft gilt. In der Tat, *keine* Gesellschafts*form* kann verhindern, daß one way or another die disponible Arbeitszeit der Gesellschaft die Produktion regelt. Aber, solange sich diese Reglung nicht durch direkte bewußte Kontrolle der Gesellschaft über ihre Arbeitszeit – was nur möglich bei Gemeineigentum – vollzieht, sondern durch die Bewegung der Preise der Waren, bleibt es bei dem, was Du bereits in den „Deutsch-Französischen Jahrbüchern" ganz zutreffend gesagt hast.

Ad vocem Wien. Ich schicke Dir verschiedne Wiener Blätter (wovon Du mir das „*Neue Wiener Tageblatt*", Borkheim gehörig, zurückschicken, die andren aufheben mußt), woraus Du zweierlei sehn wirst: erstens, wie wichtig Wien als Absatzort in diesem Augenblick, da dort neues Leben, zweitens, wie die Sache dort zu behandeln ist. Ich kann die Adresse des Prof. Richter nicht finden. Vielleicht hast Du den Brief von Liebknecht, worin sie steht. Wenn nicht, schreib ihm, sie Dir zu schicken, und sende dann Artikel *direkt an Richter*, aber nicht via Liebknecht.

Es scheint mir nämlich, daß Wilhelmchen[10] keineswegs altogether bona fide ist. Er (für den ich so viel Zeit finden mußte, um seine Eseleien in der Allgemeinen Augsburger etc. gutzumachen) hat bisher *keine Zeit* gefunden, um auch nur den Namen meines Buchs oder meinen eignen öffentlich zu *nennen!* Er übersieht die Affäre in der „*Zukunft*", um nur nicht in die Verlegenheit zu kommen, seine selbständige Größe einzubüßen. Es war auch keine Zeit da, um in dem unter der direkten Kontrolle seines Freundes Bebel erscheinenden Arbeiterblatt („Deutsche Arbeiterhalle", Mannheim) ein Sterbenswort zu sagen! Kurz und gut, wenn mein Buch nicht völlig totgeschwiegen worden, so ist das sicher nicht Wilhelmchens Schuld. Erst hatte er's nicht gelesen (obgleich er an Jennychen sich über Richter mokiert, der glaubt ein Buch verstehn zu müssen, um Reklame zu machen), und zweitens, nachdem er es gelesen oder gelesen zu haben vorgibt, hat er keine Zeit, obgleich er Zeit hat, seitdem ich ihm Borkheims subvention verschafft, wöchentlich 2x Briefe an B[orkheim] zu schreiben; obgleich er, statt die Aktien für das ihm durch mich zugesandte und durch meine Vermittlung verschaffte Geld Strohns zu schicken, Strohns Adresse verlangt, um auch direkt mit ihm, hinter meinem Rücken, mogeln und ihn mit Schreibebriefen, wie den B[orkheim], überschütten zu können! Kurz und gut, Wilhelmchen will sich wichtig machen, und namentlich soll das Publikum nicht von der Beschäftigung mit Wilhelmchen abgezogen werden. Man muß nun halb tun, als merkte man das nicht, aber ihn doch mit Vorsicht behandeln. Was seinen Östreich-Beruf angehe, so kann man ihm nichts glauben, bis es eingetroffen ist. Und zweitens raten wir ihm, wenn's dazu kömmt, nicht ab, sondern, *if necessary*, erklären ihm nur, was ich ihm bei seinem Einzug

---

10 Wilhelmchen = Wilhelm Liebknecht

in Braß' „Norddeutsche" erklärte, daß, wenn er sich wieder kompromittiere, man ihn nötigenfalls öffentlich desavouieren würde. Dies sagte ich ihm, in Gegenwart von Zeugen, als er damals nach Berlin abzog.

Ich glaube, Du kannst auch *direkt* Artikel schicken an die beiliegende „*Neue Freie Presse*" (Wien). Der jetzige Miteigentümer, Dr. *Max Friedländer* (Lassalles Vetter und Todfeind) war es, für den ich längere Zeit an der alten Wiener „*Presse*" korrespondierte und an der „*Oder-Zeitung*".

Was endlich die „*Internationale Revue*" angeht, so hat Fox (den ein englisches Blatt nach Wien geschickt zum Besuch und Anknüpfung von Verbindungen) von Wien aus vor ein paar Tagen mich um Empfehlungsschreiben an Arnold Hilberg ersucht. Ich schickte ihm das und sagte dem p.p. Hilberg zugleich in diesem Schreiben, Umstände hätten uns verhindert zu schreiben, dies Jahr würden wir was tun etc.

„*Fortnightly Review*." Prof. *Beesly*, der einer der Triumviri ist, die dies Blatt im geheimen lenken, hat seinem Spezialfreund Lafargue (den er beständig zum Essen bei sich einladet) erklärt, er sei moralisch sicher (es hängt ganz von ihm ab!), Kritik würde genommen werden! Lafargue würde sie ihm selbst einhändigen.

Ad vocem Pyat. In der heutigen „*Times*" wirst Du von Pyat eingesandte (vor 4 Wochen erschienene) Address der French democrats über Fenianism sehn. Die Sache verhält sich so. Die französische Regierung hat Untersuchung (voran *visites domiciliaires* bei unsren Korrespondenten in Paris) gegen die Internationale Assoziation als société illicite eingeleitet. Ditto wahrscheinlich von unsrem Dupont geschriebne Briefe über Fenianism der englischen Regierung übersandt. Herr Pyat, der immer unsre „Assoziation" als nicht revolutionär, bonapartistisch etc. verschrie, fürchtet diesen turn der Dinge und sucht sich noch rasch das Ansehn zu geben, als habe *er* was mit der Sache zu tun und sei „moving".

Ad vocem Benedek: Kann ich das Heft für a few days haben? Du hast Dich nun zweimal, erstens als taktischen Propheten (bei der Sewastopolaffäre) und zweitens als strategischen (bei der preußisch-östreichischen) bewährt. Aber die Dummheit, deren die Menschen fähig sind, kann kein Verstand der Verständigen vorhersehn. (…)

Salut
Dein
Mohr

* * *

Engels an Marx

Manchester, 2. Febr. 1868

Lieber Mohr,
Die Ursache meines Schweigens war die, daß ich Dir mit meinem Brief zugleich die Absendung des Weines anzeigen wollte. Aber der Kerl, der mir den Wein packt, hat einen Unfall gehabt und wird wenigstens 14 Tage krank liegen, und so habe ich bis jetzt nicht dazu kommen können; womöglich pack' ich ihn selbst morgen. Du bekommst sehr guten 1863er Claret und 1857er Rheinwein; Moselwein habe ich nur noch ein paar Flaschen, und die sind in Mornington Street, wo ich sie nicht packen lassen kann.

Dann bin ich auch der Sat[urday] Rev[view] nachgelaufen und habe mit vieler Mühe die Notiz erwischt. Wenn Du sie nicht gesehn hast, so kann ich Dir Kopie schicken – nicht viel dran, aber immer ein gutes Zeichen.

Ich habe jetzt, außer der starken Beschäftigung beim Jahresabschluß und der aus dem sich wiederbelebenden Geschäft entstehenden, noch als Vorsitzender der Schiller-Anstalt heillose Lauferei, da die Sache mit dem Baufonds sich in 14 Tagen entscheiden muß und mir bis dahin alle Arbeit selbst zufällt. Indes werde ich doch mit der Geschichte für die „Fortnightly" anfangen. So wichtig und interessant die Sache über das Geld auch für England ist, so halte ich es doch für angemessen, sie diesmal in den Hintergrund treten zu lassen, sie würde von der Hauptsache ablenken und eine lange Auseinandersetzung erfordern, damit der Engländer nur verstehe, daß es sich vom *einfachen Geld als solchem* handelt, das er gewohnt ist, nur in seiner Verwickelung mit Kreditgeld etc. sich vorzustellen. Was hältst Du davon?

Die Idee von Kertbény, Dich in der Leipziger Illustrirten porträtieren zu lassen, ist *ganz famos*. Diese Art Reklame dringt dem Philister in seinen tiefsten Busen. Gib ihm also ja alles, was er dazu braucht. Der Mann ist auch sonst zu brauchen, sehr willig, und hat das Bedürfnis emsiger Einmischung überall und in alles. Eitel, aber nicht dumm für einen Ungarn. Seine Beurteilung der Deutsch-Östreicher damals war sehr richtig.

Der Pole Card hat mir wirklich in seiner Unterschrift einen unlöslichen Puzzle hingestellt. Cwi...chiewicz, weder meine Handschriftenkenntnis, noch meine Philologie reichen zu dessen Lösung aus. Of course, he would never do as a translator, und was Schily schreibt, ist *sehr* faul. Wenn Reclus allein fr. 3-4000 haben will und Moses [Hess], der die Hauptarbeit tun will, auch noch sein Teil, und Du die droits d'auteur bezahlt [erhältst], wo soll da ein Verleger herkommen? Und diesen Leuten das „Kondensieren" und „Französieren" zu überlassen? Moses, der eher fähig wäre, das Kapitel über die Bildung des absoluten Mehrwert in 20 Bände zu verwässern, als eine Seite davon um eine Zeile zu kondensieren? Dies hast Du Dir indes selbst zuzuschreiben; wenn man für die deutsche Wissenschaft streng dialektisch schreibt, so fällt man nachher bei den Übersetzungen, besonders den französischen, in arge Hände.

Die Frankfurter Börsenzeitung, wie alles andre, habe ich an Meißner geschickt, von dem ich seitdem nichts gehört habe. Ich schrieb ihm, er solle aus den diversen Artikeln eine Annonce komponieren.

Liebknechts Blättchen mißfällt mir imme höchschte Grad. Nichts als versteckter süddeutscher Föderalismus. Der Artikel über die schweizerische und preußische Militärgeschichte ist nach *Grün* (K.) in den „Vereinigten Staaten von Europa" verarbeitet, fast jedes Wort unrichtig. Dabei steht gar nichts in dem Blättchen, und während er mit hannöverschen Partikularisten und süddeutschen Knoten ganz dick ist, greift er die Berliner „Zukunfts"-Leute an, die doch weiß der Henker mindestens ebensogut sind wie dies Gesindel. Ich habe übrigens nur 3 Nr. erhalten.

Wie wenig die Preußen dem Landfrieden in den neuen Provinzen trauen, geht aus der neuen Dislokation und Organisation der Armee hervor. Z. B. 3 hannöversche Infanterie- und 2 Kavallerieregimenter stehen in Westfalen resp. Wesel, während in Hannover nur 2 hannöversche Infanterie- und 3 Kavallerieregimenter, aber außerdem in Westfalen 4 Infanterie- und 2 Kavallerieregimenter stehn. In Schleswig-Holstein stehn zwar die einheimischen Regimenter bis auf eins, aber daneben 2 Infanterie- und 2 Kavallerieregimenter aus den alten Provinzen. In Hessen stehn zwar nominell 3 hessische Regimenter Infanterie, aber davon besteht das 82. (2. hessisches) aus Westfalen! Dabei sind die Nassauer nach Hessen, die Hessen nach Nassau und Teile beider mit altpreußischen Regimentern nach Mainz gesteckt. Frankfurt endlich wird durch pommersche Infanterie und rheinische Kavallerie in Ordnung gehalten.

(...)

Grüß die Damen und Lafargue bestens.
Dein
F. E.

* * *

Marx an Ludwig Kugelmann[11]

London, 12. Okt. 1868

Mein lieber Freund,
Ihr hartnäckiges Stillschweigen ist mir völlig unbegreifbar. Habe ich etwa durch
meinen letzten Brief dazu Anlaß gegeben? Ich hoffe nicht. Jedenfalls wider Absicht.
Ich brauche Ihnen nicht erst ausdrücklich zu erklären, Sie *wissen*, daß Sie mein
intimster Freund in Deutschland sind, und ich sehe nicht recht ein, wie man inter
amicos, wegen irgendeiner Kleinigkeit, sich wechselseitig so scharf auf die Finger
sehn darf. Am wenigsten haben Sie mir gegenüber *dies Recht*, weil Sie wissen, wie
sehr ich Ihnen verpflichtet bin. Sie haben mehr – von allem Persönlichen abgesehn
– für mein Buch getan als ganz Deutschland zusammengenommen.

Vielleicht aber schweigen Sie so energisch, um mir zu beweisen, daß Sie nicht
sind wie der Troß der sog. Freunde, die schweigen, wenn die Dinge schlecht, und
sprechen, wenn sie gut gehn. Doch bedarf es keiner solchen Demonstration Ihrerseits.

Wenn ich vom „guten Stand der Dinge" spreche, so geschieht es erstens mit Bezug
auf die Propaganda, die mein Buch gemacht, und die Anerkennung, die es seitens
der deutschen Arbeiter gefunden, since you wrote me last. Zweitens aber in bezug
auf die wundervollen Fortschritte, welche die Internationale Arbeiterassoziation,
speziell auch in England, gemacht hat.

Vor einigen Tagen überraschte mich ein Petersburger Buchhändler mit der
Nachricht, daß ‚Das Kapital' in russischer Übersetzung sich jetzt im Druck befindet. Er verlangte mein Photogramm dafür als Titelvignette, und diese Kleinigkeit
konnte ich „meinen guten Freunden", den Russen, nicht abschlagen. Es ist eine
Ironie des Schicksals, daß die Russen, die ich seit 25 Jahren unausgesetzt, und
nicht nur deutsch, sondern französisch und englisch bekämpft habe, immer meine
„Gönner" waren. 1843-44 in Paris trugen mich die dortigen russischen Aristokraten
auf Händen. Meine Schrift gegen Proudhon (1847), ditto die bei Duncker (1859)
haben nirgends größeren Absatz gefunden als in Rußland. Und die erste fremde
Nation, die ‚Das Kapital' übersetzt, ist die russische. Aber man muß das alles nicht
hoch anschlagen. Die russische Aristokratie wird auf deutschen Universitäten und
zu Paris, in ihrer Jünglingszeit, erzogen. Sie hascht immer nach dem Extremsten,
was der Westen liefert. Es ist reine Gourmandise, wie ein Teil der französischen

---

11 Der Arzt Ludwig Kugelmann (1828-1902) war ein enger Vertrauter und Freund von
    Marx und Engels. Er nahm an der Revolution 1848/49 teil, war aktives Mitglied der
    Internationalen Arbeiterassoziation in Hannover, Delegierter der Kongresse in Lausanne
    1867 und Den Haag 1872 und stand 1862-1874 in ständigem Briefwechsel mit Marx.

Aristokratie sie während des 18.Jahrhunderts trieb. Ce n'est pas pour les tailleurs et les bottiers, sagte Voltaire damals von seiner eignen Aufklärung. Dies hindert dieselben Russen nicht, sobald sie in Staatsdienst getreten, Halunken zu werden. Ich habe viel „bother" just now in Deutschland mit dem Krakeel der Führer, wie Sie aus den einliegenden Briefen, die Sie mir gefälligst zurücksenden, sehn werden. Auf der einen Seite Schweitzer, der mich zum Papst in partibus infidelium ernennt, damit ich ihn zum Arbeiterkaiser in Deutschland ausrufe. Auf der andern Seite Liebknecht, der vergißt, daß Sch[weitzer] in point of fact ihn gezwungen hat, sich zu erinnern, daß es eine von der kleinbürgerlich demokratischen verschiedne Proletariatsbewegung gibt.

Ich hoffe, daß Sie und Familie sich wohlbefinden. Ich hoffe, daß ich bei Ihrer lieben Frau nicht in Ungnade gefallen bin. Apropos. Die Internationale Damenassoziation, duce Frau Goegg (read Geck), hat eine Epistel an den Brüßler Kongreß geschickt, mit Anfrage, ob auch die Damen sich uns anschließen können? Man hat natürlich höflich bejahend geantwortet. Sollten Sie also mit Ihrem Schweigen fortfahren, so werde ich Ihrer Frau Vollmacht als Korrespondent des Generalrats schicken.

Ich habe, von wegen meiner Leber, viel von der Hitze gelitten, bin aber jetzt einstweilen gesund.

Salut.
Ihr *Karl Marx*

* * *

Marx an Paul Lafargue[12]

Manchester, 2. Juni 1869

Mein lieber Paul,
Sie können natürlich *nach Belieben über meinen Namen verfügen*. Doch gibt es einige Einwände. Zunächst: Die Arbeit, die Sie wünschen, bin ich augenblicklich zu leisten nicht imstande, während Engels noch an einer Augenentzündung leidet, die ihn sicherlich eine Weile am Schreiben hindern wird. Natürlich würden wir uns,

---

12 Der französische Sozialist und Arzt Paul Lafargue (1842-1911) war Schüler und Kampf-
    gefährte von Marx und Engels, Mitglied des Generalrats der Internationalen Arbeite-
    rassoziation, Mitbegründer der Sektionen der IAA in Frankreich, Spanien und Portugal
    und Mitbegründer der französischen Arbeiterpartei.

wenn sich eine sehr dringende Frage ergäbe, an die „Ren[aissance]" wenden, aber das könnte geschehen, ohne daß mein Name unter den rédacteurs erscheint. Eine rein nominelle Mitherausgeberschaft würde keinen praktischen Nutzen haben. Mein ernsthaftester Einwand ist jedoch ausschließlich privater Natur, und ich überlasse es Ihrer Einsicht, die Sache zu entscheiden. Die beabsichtigte Zeitung wird Sie und Ihre Freunde wahrscheinlich in juristische Konflikte mit der Regierung bringen, und Ihr Vater, der früher oder später feststellen würde, daß mein Name unter den rédacteurs dieser Zeitung erscheint, würde wahrscheinlich annehmen, daß ich Sie zu vorzeitiger politischer Tätigkeit gedrängt und daran gehindert hätte, die notwendigen Schritte zu unternehmen (die zu unternehmen ich Sie fortwährend dränge), um Ihre medizinischen Examina abzulegen und sich beruflich zu etablieren. Er würde eine solche von ihm angenommene Beeinflussung durch mich mit Recht als einen Verstoß gegen unsere ausdrückliche gegenseitige Vereinbarung auffassen.

Was die Befürchtungen von Le Petit anbelangt, so sind sie allesamt unbegründet. Um sich auf eine Invasion in Frankreich vorzubereiten, würde Preußen *unter den günstigsten Umständen* statt 8 Tage mindestens einen Monat benötigen. Aber die Umstände sind jetzt alles andere als günstig für Preußen: Es gibt in der Tat *keine deutsche Einheit.* Sie könnte nur erreicht werden durch eine deutsche Revolution, die die preußische Dynastie hinwegfegt, die Diener des Moskowiters war, ist und immer sein muß. Nur durch den Sturz „Preußens" kann Deutschland wirklich zentralisiert werden.

Preußen ist nicht in Deutschland aufgegangen. Es hat im Gegenteil einen Teil Deutschlands erobert und behandelt ihn – die direkt annektierten Gebiete ebenso wie die in den Norddeutschen Bund gepreßten – als erobertes Land. Daher herrscht auch in seinen Neuerwerbungen größte Unzufriedenheit. Im Falle eines *Offensiv-* (nicht *Defensiv-*)krieges gegen Frankreich wäre Preußen gezwungen, einen großen Teil seiner Armee zu verwenden, um diese Gebiete in Botmäßigkeit zu halten, die für Preußen um so gefährlicher sind, da seine Kommunikationsmittel – Eisenbahnen, Telegraphen usw. – nach Frankreich und ebenso seine Rückzugswege vom Rhein durch sie gehen. Was die aus Hannover, Schleswig-Holstein, Sachsen, Kurhessen, Nassau usw. aufgebrachten Militärkontingente angeht, so wären sie unzuverlässig und würden sich als Quelle der Schwäche anstatt der Stärke erweisen.

Außer diesen entweder direkt annektierten oder in den Norddeutschen Bund gepreßten Gebieten existiert noch *Süddeutschland* (Baden, Württemberg, Bayern, Hessen-Darmstadt), das 9 Millionen zählt. Hier sind die Volksmassen bis ins Innerste preußenfeindlich. Im Falle eines Krieges gegen Frankreich würde Preußen daher einen weiteren Teil seiner Armee abzuzweigen haben, um sich des Teils von Süddeutschland zu versichern, der eine sich lang hinziehende gemeinsame Grenze mit Frankreich hat.

Und schließlich wäre Preußen gezwungen, eine starke Observationsarmee gegen Österreich zu konzentrieren. Vergessen Sie nicht, daß die Habsburger Dynastie unter den letzten Demütigungen und Verlusten, die ihr von dem preußischen Emporkömmling zugefügt wurden, empfindlich getroffen wurde. Selbst wenn man *die ganz absurde Hypothese* annimmt, daß die Habsburger Dynastie bereit wäre, das Geschehene zu verzeihen, so würde sie doch unfähig sein, Preußen zu unterstützen. Der österreichische Kaiser hat keinen Einfluß mehr auf die internationalen Angelegenheiten. Der ungarische Reichstag muß jetzt entscheiden, und er würde für Frankreich gegen Preußen entscheiden. Das täte auch der Wiener Reichstag. So könnte und würde Preußen, wie wohlwollend die Haltung des Wiener Kabinetts äußerlich auch sein mag, sich nicht darauf verlassen, sondern sich stets gezwungen sehen, eine starke Observationsarmee der Armee entgegenzustellen, die Österreich sicherlich in Böhmen konzentrieren würde.

Hieraus sehen Sie de prime abord, daß von der anscheinend beträchtlichen militärischen Stärke Preußens ein sehr großer Teil nicht gegen Frankreich konzentriert werden könnte, sondern im Gegenteil in verschiedene Richtungen verzettelt werden müßte.

Preußen würde keinen Verbündeten haben außer Rußland, das nicht imstande ist, in einem *plötzlichen Notfall* über seine Armee zu verfügen. Ehe seine Kontingente mobilisiert wären und nach Preußen kämen, würde die Entscheidung schon gefallen sein.

Schon der Gedanke, daß Preußen unter solchen Umständen *allein* – und das müßte es – eine Invasion in Frankreich, und dazu noch in ein revolutionäres Frankreich, wagen würde, ist irrig.

Bis jetzt habe ich nur den rein militärischen und diplomatischen Aspekt der Frage betrachtet, aber es besteht nicht der geringste Zweifel, daß Preußen im Falle einer Revolution in Frankreich genauso wie 1848 handeln müßte. Anstatt seine Kräfte ins Ausland zu werfen, würde es gezwungen sein, sie in *expeditions à l'intérieur* einzusetzen.

Wenn 1848 die Bewegung in Deutschland die preußische Regierung gelähmt hat, was würde jetzt geschehen, wo die Volksmassen in Preußen und den anderen Teilen Deutschlands weiterentwickelt sind und gleichzeitig die preußische Regierung ebenso wie die anderen deutschen Regierungen aufgehört haben, absolut zu herrschen und durch die Fesseln eines lächerlichen Konstitutionalismus geschwächt sind?

Was die arbeitenden Klassen in Deutschland betrifft, so sind sie meiner Ansicht nach besser organisiert als die französischen. Ihre Ideen sind *internationaler* als in irgendeinem anderen Lande. Ihr *Atheismus* ist ausgeprägter als in irgendeinem anderen Lande. Ihre Vorliebe für Frankreich ist allgemein.

Im Falle einer französischen Revolution kann Preußen nichts tun. (Ein Vertreter der Arbeiter im *Norddeutschen Reichstag drohte ihnen* kürzlich mit dem Herannahen einer französischen Revolution.) Nur im Falle *einer kaiserlichen Invasion ins "Vaterland"* könnte Preußen ein gefährlicher Gegner Frankreichs werden.

Adio
Old Nick

* * *

Marx an Paul und Laura[13] Lafargue

London, 19. April 1870

Lieber Paul-Laurent,
Ich werde Sie nächsten Dienstag von Dupont vorschlagen lassen.

Inzwischen mache ich Euch darauf aufmerksam, daß in Eurem Komitee *Robin*, ein Agent *Bakunins* sitzt, der in Genf alles in seiner Macht stehende getan hat, um den *Generalrat zu diskreditieren* (er griff ihn in der „Égalité" öffentlich an) und la dictature de Bakounine sur l'Association Internationale vorzubereiten. Er wurde speziell nach Paris geschickt, um sich dort im gleichen Sinne zu betätigen. Daher muß man diesen Kerl genau beobachten, ohne daß er eine Überwachung argwöhnt.

Um vous mettre au courant, muß ich Euch einen knappen Überblick über Bakunins Intrigen geben.

Bakunin gehört der *Internationale* erst seit ungefähr 1½ Jahren an. C'est un nouveau venu. Auf dem Berner Kongreß (*September* 1868) der *Ligue de la Paix et de la Liberté* (er war Mitglied des Exekutivkomitees dieser internationalen bürgerlichen Assoziation, die als Gegengewicht zur proletarischen Internationale gegründet wurde) spielte er eine seiner Marktschreierrollen, in denen er sich wohl fühlt. Er schlug eine Reihe von Beschlüssen vor, die an sich abgeschmackt, aber darauf berechnet

---

13 Laura Lafargue war die zweite Tochter von Karl Marx und die Frau von Paul Lafargue (s. zu Paul Lafargue Fußnote 4); Laura Lafargue vertrat die französische Arbeiterbewegung. Der Brief handelt insgesamt von Michail Bakunin. Deutlich wird hierbei die intensive Konfrontation, die zwischen Marx und Bakunin bestand. Mehrere Briefe von Marx und Engels berichteten über den Kampf des Generalrats gegen die Bakunisten, gegen ihre Allianz der sozialistischen Demokratie, vor der man warnen müsse. Michail Bakunin galt als einer der einflussreichsten Denker, Aktivisten und Organisatoren der anarchistischen Bewegung.

sind, durch den Ton eines großsprecherischen Radikalismus les crétins bourgeois Schrecken einzujagen. Auf diese Weise vollzog er, von der Mehrheit überstimmt, mit Eklat seinen Austritt aus der Liga und ließ dieses große Ereignis triumphierend in der europäischen Presse verkünden. Er versteht la réclame beinahe so gut wie Victor Hugo, qui – comme Heine dit – n'est pas simplement égoiste, mais Hugoiste.

Dann trat er in unsere Assoziation ein – in ihre Genfer branche Romande. Sein erster Schritt war eine Verschwörung. Er bildete „l'Alliance de la Démocratie Socialiste". Das Programm dieser Gesellschaft war nichts anderes als die Reihe von Beschlüssen, die Bakunin auf dem Berner Kongreß der Friedensliga vorgelegt hatte. Die Organisation trug den Charakter einer Sekte mit ihrem Hauptzentrum in Genf und konstituierte sich als eine *Internationale* Assoziation, die eigene allgemeine Kongresse abhalten, eine unabhängige internationale Körperschaft und *gleichzeitig* ein integraler Bestandteil unserer *Internationale* sein sollte. Mit einem Wort, unsere Assoziation sollte durch diese sich eindrängende geheime Gesellschaft nach und nach in ein Instrument du Russe Bakounine verwandelt werden. Als Vorwand diente, daß diese neue Gesellschaft speziell zu dem Zweck gegründet worden sei, um „à faire la propagande théorique". In der Tat sehr lustig, wenn man bedenkt, daß Bakunin und seine Apostel von der Theorie keine Ahnung haben. Aber Bakunins Programm war „die Theorie". Es bestand faktisch aus 3 Punkten.

1. Das erste Erfordernis der sozialen Revolution sei – *die Abschaffung des Erb-rechts*, vieillerie St.-Simoniste, dont le charlatan et l'ignoramus Bakounine se faisait l'éditeur responsable. Es liegt auf der Hand: wenn man die Macht besäße, die soziale Revolution an einem Tage par décret plébiscitaire durchzuführen, so würde man das Eigentum an Grund und Boden und das Kapital sofort abschaffen und daher gar keinen Anlaß haben, sich mit le droit d'héritage zu befassen. Andererseits wäre – wenn man die Macht nicht besitzt (und es ist selbstverständlich töricht, eine solche Macht zu unterstellen) – die Proklamierung der *Abschaffung des Erbrechts* keine ernstzunehmende Tat, sondern eine törichte Drohung, die die ganze Bauernschaft und das ganze Kleinbürgertum um die Reaktion scharen würde. Nehmt z. B. an, die Yankees hätten nicht die Macht gehabt, die Sklaverei mit Gewalt abzuschaffen. Welche Dummheit wäre es gewesen, die *Abschaffung des Erbrechts auf Sklaven* zu proklamieren! Die ganze Sache resultiert aus einem antiquierten Idealismus, der die gegenwärtige Jurisprudenz für die Basis unserer ökonomischen Lage hält, statt zu erkennen, daß unsere ökonomische Lage die Basis und Quelle unserer Jurispru-denz ist! Was Bakunin angeht, so war er nur darauf aus, sein eigenes Programm zu improvisieren. Voilà tout. C'était un programme d'occasion.

2. „L'égalité des différentes classes." Auf der einen Seite das Weiterbestehen von *classes* und auf der anderen Seite die égalité der zu ihnen gehörenden Glieder zu unterstellen – dieser Widersinn beweist Euch sogleich die schamlose Ignoranz und

Oberflächlichkeit dieses Kerls, der es als seine „besondere Mission" betrachtete, uns über „Theorie" aufzuklären.

3. Die Arbeiterklasse darf sich nicht mit *Politik* beschäftigen. Sie darf sich nur in Trade-Unions organisieren. Eines schönen Tages werden sie sich mittels der *Internationale* an die Stelle aller bestehenden Staaten drängen. Ihr seht, was für eine Karikatur er aus meinen Lehren gemacht hat! Da die Umwandlung der bestehenden Staaten in Assoziationen unser Endziel ist, müssen wir den Regierungen, diesen großen Trade-Unions der herrschenden Klassen, gestatten zu tun, was ihnen beliebt; denn sich mit ihnen befassen, hieße sie anerkennen. Wahrhaftig! Genauso sprachen die alten Sozialisten: Ihr dürft euch nicht mit der Lohnfrage befassen, denn ihr wollt die Lohnarbeit abschaffen. Mit dem Kapitalisten um die Höhe des Lohnes kämpfen, hieße das Lohnsystem anerkennen! Der Esel hat nicht einmal begriffen, daß jede Klassenbewegung *als* Klassenbewegung notwendigerweise immer eine *politische* Bewegung ist und war.

Das also ist das ganze theoretische Gepäck von Mohammed-Bakunin – eines Mohammeds ohne Koran.

Seine Verschwörung trieb er insgeheim voran. Er hatte einige Mitläufer in Spanien und Italien, ein paar Gimpel in Paris und Genf. Der gute alte Becker war dumm genug, sich von Bakunin als eine Art Hauptakteur vorschieben zu lassen. Er bereut jetzt seinen Fehler.

Der Generalrat wurde erst unterrichtet und ersucht, die Statuten der „*Alliance*" zu genehmigen, nachdem Bakunin seine Pläne als fait accompli betrachtete. Er irrte sich jedoch. Der Generalrat erklärte in einem sorgfältig ausgearbeiteten Dokument, daß die „Alliance" ein Werkzeug der Desorganisation sei, und lehnte jede Verbindung mit ihr ab. (Ich werde Euch das Dokument schicken.)

Ein paar Monate später richtete das *Comité Directeur* der „Alliance" an den Generalrat einen Brief folgenden Inhalts: Die großen Männer wären bereit, ihre Organisation aufzulösen und mit der *Internationale* zu verschmelzen, aber auf der anderen Seite sollten wir kategorisch mit *Oui ou Non!* antworten, ob wir ihre Grundsätze billigen! Anderenfalls würde es ihrerseits zur offenen Abspaltung kommen, und wir würden für ein solches Mißgeschick verantwortlich sein!

Wir antworteten, daß der Generalrat nicht der Papst sei, daß wir es jeder Sektion überlassen, ihre eigenen theoretischen Ansichten von der Bewegung zu haben, vorausgesetzt, daß nichts direkt unseren Statuten Widersprechendes enthalten sei. Wir ließen vorsichtig durchblicken, daß wir ihre „Theorie" für einen Schwindel halten. Wir bestanden darauf, daß „l'égalité des classes" in „l'abolition des classes" verändert wird, was geschah. Wir ersuchten sie, uns eine dénombrement ihrer Mitglieder zu geben, was sie nie taten. (Auch dieses zweite Dokument werdet Ihr erhalten.)

So wurde die Allianz *nominell* aufgelöst. Faktisch bestand sie weiterhin als imperium in imperio. Ihre Zweige hatten keinerlei Verbindung mit dem Generalrat, die einzige bestand darin, daß sie gegen ihn konspirierten. Sie agierte unter Bakunins Diktatur. Er bereitete alles vor, um frapper son grand coup au Congrès de Bâle. Einerseits veranlaßte er das Genfer Komitee, *la question d'héritage* vorzubringen. Wir nahmen die Herausforderung an. Andererseits konspirierte er überall, um uns zu diskreditieren, damit der Sitz des Generalrats von London nach Genf verlegt werde. Auf dem Kongreß ce saltimbanque figurait comme „délégué de Naples et de Lyon" (an letzterem Ort ist *Albert Richard*, sonst ein sehr aktiver und gutmütiger junger Mann, sein Apostel). Woher der Kerl das Geld für alle seine geheimen Machenschaften, Reisen, Entsendung von Agenten usw. hatte, ist vorläufig noch ein Geheimnis. Arm wie eine Kirchenmaus hat er nie im Leben einen Heller durch eigene Arbeit verdient.

Auf dem Kongreß erhielt er eine Abfuhr. Nach dem Kongreß begann er, uns in seinem Privatmoniteur „*Le Progrès*" (de Locle), den sein Lakai James Guillaume, ein Schweizer Schulmeister, herausgibt, und in der „Égalité" (de Genève) öffentlich anzugreifen. Das sahen wir uns eine Weile mit an und schickten dann ein Sendschreiben an den Genfer Föderalrat. (Eine Kopie dieses Dokuments hat *Varlin*.) Aber ehe unser Zirkular ankam, hatte der Genfer Föderalrat, der Bakunin und der *Alliance* niemals gut gesonnen war, mit ihm gebrochen. Robin et Co. wurden aus der Redaktion der „Égalité" ausgeschlossen. Der Föderalrat der Sektion der romanischen Schweiz verkündete sein Pronunciamento der Intrigen der Allianz und ihres moskowitischen Diktators.

Mittlerweile hatte sich Bakunin von Genf nach Tessin zurückgezogen. Seine Verhältnisse änderten sich. Herzen starb plötzlich. Bakunin, der ihn in der letzten Zeit heftig attackiert hatte (wahrscheinlich, weil ihm Herzens Geldbeutel verschlossen war), wurde auf einmal zum glühenden Apologeten Herzens in der französischen usw. Presse. Warum? Weil Herzen (obwohl er Millionär war) sich jährlich von den „Panslavistes démocrates" in Rußland eine ziemlich große Summe für seine „Cloche" und für „propagande russe" zahlen ließ. Obwohl ein wütender Feind de „l'héritage", wollte Bakunin doch Herzens Position und Gelder erben. Durch seine Lobeshymnen auf den Toten bekam er die „Cloche", die Gelder usw. übertragen.

Gleichzeitig hat sich in Genf eine Kolonie russischer Emigrés angesiedelt, Gegner Bakunins, weil sie den bloßen persönlichen Ehrgeiz dieses (trotz seiner Vollkommenheit als Intrigant) sehr mittelmäßigen Menschen kannten und weil sie wußten, daß er in seinen „*russischen*" Schriften Lehren propagiert, die den Grundsätzen der *Internationale* gänzlich widersprechen.

Der jüngste *Kongreß der romanischen Schweiz* in La Chaux-de-Fonds (5. April dieses Jahres) wurde von Bakunin und seinen Kumpanen ausgenutzt, um eine offene Spaltung herbeizuführen. Der Kongreß wurde in zwei Kongresse gespalten – auf der einen Seite der Kongreß der Bakunisten, der die Enthaltung von jeglicher Politik verkündete und etwa 600 Personen vertrat; auf der anderen Seite der Kongreß des Genfer Föderalkomitees, der 2000 Personen vertrat. Outine (c'est un des jeunes Russes) dénonça publiquement les intrigues de Bakounine. Seine (Bakunins) Leute haben sich als „Föderalzentralkomitee" pour la Suisse Romande konstituiert und ihr eigenes Organ *„La Solidarité"* gegründet, das von Bakunins valet de chambre James Guillaume herausgegeben wird. Das *„Prinzip"* dieses Blattes ist „Bakunin". Beide Parteien haben an den Generalrat appelliert.

So ist es diesem verdammten Moskowiter gelungen, einen großen öffentlichen Skandal in unseren Reihen hervorzurufen, seine Person zur Losung zu machen, unsere Arbeiterassoziation mit dem Gift des Sektierertums zu infizieren und unsere Aktionsfähigkeit durch geheime Intrigen zu lähmen.

Er hofft, auf unserem nächsten Kongreß stark vertreten zu sein. Um die Aufmerksamkeit von Paris auf sich zu lenken, korrespondiert er mit der „Marseillaise". Wir haben aber mit Flourens gesprochen, der dem [ein] Ende machen wird.

Ihr seid jetzt hinreichend informiert, um Bakunins Intrigen in unseren Pariser Sektionen entgegenwirken zu können.

Laurent danke ich für ihren Brief. Das nächste Mal versucht für Eure Briefe einen Umschlag aufzutreiben, der sich nicht so leicht öffnen läßt. Apropos. Seht nach, ob Ihr noch den Artikel des *„Queen's Messenger"* über Lord Clanricarde habt. Wir brauchen ihn hier und können ihn nirgends bekommen.

Euer
Old Nick

* * *

Arnold Ruge[14] an Steinthal

7, Park Crescent Brighton
25. 1. 1869

Hochgeehrter Herr Steinthal,
Gleichzeitig mit diesem Brief laß ich Marx über das Kapital durch die Buchpost an Sie abgehn.

---

14 Der radikale Publizist Arnold Ruge (1802-1880) war Junghegelianer und 1848 Mitglied
   der Frankfurter Nationalversammlung, in der er dem linken Flügel angehörte.

Meinen verbindlichsten Dank! Dies Buch hat mich all die Zeit unablässig beschäftigt, wenn ich auch allerlei nebenher habe arbeiten müssen.

Es ist *ein epochemachendes Werk* und schüttet glänzendes, oft stechendes Licht aus über die Entwicklung, über die Untergänge und die Geburtswehen und die furchtbaren Schmerzenstage der Gesellschaftsperioden.

Der Nachweis über den *Mehrwert* durch unbezahlte Arbeit, über die Expropriierung der Arbeiter, *die für sich* arbeiteten, und über die bevorstehende *Expropriierung* der *Expropriateurs* sind klassisch.

Die letztere S. 745: „Die kapitalistische Produktions- und Aneignungsweise, daher das *kapitalistische* Eigentum ist die erste Negation des *individuellen, auf eigne Arbeit gegründeten Privateigentums.* Die *Negation dieser Negation* stellt dann das individuelle Eigentum wieder her, aber auf Grundlage der Errungenschaft der kapitalistischen Ära, nämlich der *Kooperation freier Arbeiter und ihrem Gemeineigentum an der Erde und den durch die Arbeit selbst produzierten Produktionsmitteln!*"

Marx besitzt eine ausgebreitete Gelehrsamkeit und ein prächtiges dialektisches Talent. Das Buch geht über den Horizont vieler Menschen und Zeitungsschreiber; aber es wird ganz gewiß durchdringen und trotz der breiten Anlage, ja, grade durch sie eine mächtige Wirkung ausüben.

Mit Hindeutung auf die Religion sagt der Verfasser sehr treffend: 608: „Wie der Mensch in der Religion vom Machwerk seines eignen Kopfes, so wird er in der kapitalistischen Produktion von dem Machwerk seiner eignen Hand beherrscht."

Und um ihn zu befreien, ist es noch lange nicht damit getan, daß man der Eule in die Augen leuchtet; ja, wenn er je seinen Herrn verliert, wie der Franzose oder der Spanier, so setzt er ihn selber wieder über sich ein.

Dennoch viel Glück zum Jahre 1869! Möge es sich bewähren, wie seine Vorgänger! Meine schönsten Grüße an die Frau Steinthal und Herrn Heydemann!

Ganz der Ihrige
Dr. A. Ruge

* * *

Marx an Ludwig Kugelmann[15]

London, 17. Febr. 1870

Lieber Kugelmann,
Gestern bin ich zum erstenmal seit langer Zeit wieder an die freie Luft gekommen. Zunächst Geschäftliches: Sei so gut und schicke Du *unmittelbar* 1 Exemplar „Vogt" an Asher u. Co., Unter den Linden 11, Berlin. Es ist mir lieb, wenn Du Dir bei Absendung des Buchs einen Postempfangsschein aushändigen läßt, ditto mir selben *zuschickst*. Ferner verpflichtest Du mich, wenn Du mir ungefähr herausbringen kannst, zu *welcher Zeit* C. Hirsch Dir schrieb von wegen des „Vogt".

Die Broschüre, die Du mir geschickt hast, ist eines der Plädoyers, womit die privilegierten Stände der deutsch-russisch-baltischen Provinzen in diesem Augenblick an deutsche Sympathien appellieren. Diese *Kanaillen*, die sich durch ihren Diensteifer in der russischen Diplomatie, Armee und Polizei von jeher ausgezeichnet haben und die seit dem Übergang der Provinzen von Polen an Rußland ihre Nationalität mit Vergnügen für gesetzliche Legitimation ihrer Exploitation des Landvolks verschacherten, schreien jetzt auf, weil sie ihre privilegierte Stellung bedroht sehen. Das alte Ständewesen, orthodoxer Lutheranismus und Aussaugung der Bauern, das ist es, was sie die *deutsche Kultur* nennen, zu deren Schutz Europa sich jetzt in Bewegung setzen soll. Daher auch das letzte Wort dieser Broschüre – *Grundeigentum als Basis der Zivilisation* und dazu Grundeigentum, was nach dem Geständnis des elenden Pamphletschreibers selbst größtenteils aus direkt herrschaftlichen Gütern besteht oder aus *tributpflichtigen* Bauerngütern.

In seinen Zitaten – soweit sie das russische Gemeineigentum betreffen – zeigt der Kerl sowohl seine Unwissenheit als den cloven foot. Schédo-Ferroti ist einer der Burschen, die das Gemeineigentum zur Ursache des jämmerlichen Standes der russischen Bauern machen (natürlich in the interests of the landlordism) ganz wie früher die *Aufhebung der Leibeigenschaft* in Westeuropa – statt des Verlusts der Leibeignen an ihrem Land – als Ursache des Pauperismus verschrien wurde. Von demselben Kaliber ist das russische Buch „*Land und Freiheit*". Sein Verfasser ist ein ostseeischer Krautjunker *von Lilienfeld*. Was die russische Bauerschaft elend macht, ist dasselbe, was die französische unter Ludwig XIV. etc. elend machte – *Staatssteu-*

---

15 Der bereits erwähnte Arzt und Demokrat Ludwig Kugelmann trug – dies ergänzend zur Fußnote 3 – wesentlich zur Verbreitung des ‚Kapitals' in Deutschland bei. ‚Das Kapital', d. h. Band 1 mit dem Titel ‚Kritik der politischen Ökonomie', erschien 1867 in Deutschland und wurde anschließend in zahlreiche Sprachen übersetzt.

ern und der Obrok an die großen Grundbesitzer. Statt das Elend hervorzubringen, hat das Gemeineigentum allein es gemäßigt.

Es ist ferner eine historische Lüge, dies *Gemeineigentum* sei *mongolisch.* Wie ich verschiedentlich in meinen Schriften angedeutet, ist es *indischer* Abkunft und findet sich daher bei allen europäischen Kulturvölkern im Beginn der Entwicklung. Die spezifisch *slawische* (nicht mongolische) Form desselben in Rußland (die sich auch bei *nichtrussischen Südslawen* wiederholt) hat sogar am meisten Ähnlichkeit, mutatis mutandis, mit der *altdeutschen* Modifikation des indischen Gemeineigentums.

Daß der Pole *Duchiński* in Paris den großrussischen Stamm für *nicht slawisch,* sondern *mongolisch* erklärt und dies mit viel Aufwand von Gelehrsamkeit zu beweisen gesucht hat, war vom Standpunkt eines Polen in der Ordnung. Dennoch ist die Sache falsch. Nicht die russische Bauernschaft, sondern nur der russische Adel ist stark mit mongolisch-tartarischen Elementen versetzt. Der Franzose *Henri Martin* hat seine Theorie von Duchiński genommen, und „der begeisterte Gottfried Kinkel" hat Martin übersetzt und sich zum Polenenthusiasten aufgeworfen, um die demokratische Partei seine servile Huldigung gegen Bismarck vergessen zu machen.

Daß dagegen der russische Staat in seiner *Politik* Europa und Amerika gegenüber den *Mongolismus* vertritt, ist natürlich eine jetzt schon zum Gemeinplatz gewordne Wahrheit, also selbst Leuten wie Gottfried und den ostseeischen Krautjunkern, Spießbürgern, Pfaffen und Professoren zugänglich. Der baltisch-deutsche Wehrufskandal muß daher trotz allem ausgebeutet werden, weil er die deutsche Großmacht *Preußen* in eine „ökliche" Position versetzt. Alles, was von unserer Seite Antipathie gegen jene „Vertreter der deutschen Kultur" hervorruft, muß sie ja grade in den Augen Preußens erst recht des Schutzes wert machen!

Noch ein Beispiel von der krassen Ignoranz des Pamphletschreibers! In seinen Augen war die Abtretung des russischen Nordamerika nichts als ein diplomatischer Pfiff der russischen Regierung, die nebenbei bemerkt was very hard pressed for costs. Aber die Hauptpointe ist die: Der amerikanische Kongreß hat neulich die Aktenstücke über jene Transaktion publiziert. Darin findet sich u. a. ein Bericht des amerikanischen Geschäftsführers, worin er ausdrücklich nach Washington schreibt: Die Erwerbung sei einstweilen ökonomisch keinen Cent wert, aber – aber England wird dadurch von einer Seite vom Meer durch die Yankees abgeschnitten und der Heimfall des ganzen britischen Nordamerika an die U[nited] St[ates] beschleunigt. Da liegt der Has im Pfeffer!

Deine Korrespondenz mit Jacoby habe ich der Sache nach gebilligt, nur hat mich das übertriebene Lobspenden für meine Wirksamkeit absolut schokiert. Est modus in rebus! wenn Du denn einmal loben willst. Der alte Jacoby selbst ist sehr lobenswert. Welcher andre old radical in Europa hat diese Ehrenhaftigkeit und diesen Mut besessen, so direkt sich auf die Seite der proletarischen Bewegung zu stellen? Daß seine Übergangsmaßregeln und Detailvorschläge nicht viel taugen, ist ganz Nebensache. Unter uns gesagt – take all in all – ich erwarte für die soziale Bewegung mehr von Deutschland als von Frankreich!

Ich hatte einen großen Strauß mit dem Intriganten Bakunin. Doch darüber im nächsten Brief.

Meine besten Komplimente à Madame la Comtesse und Fränzchen.

Dein
K.M.

* * *

Marx an seine Tochter Jenny[16]

Manchester, 31. Mai 1870

Mein liebes Kind,
Wir begannen, uns etwas über das hartnäckige Londoner Stillschweigen zu ärgern. Doch Dein Brief hat die Wolken am Himmel vertrieben. Ich glaube nicht, daß wir länger als bis Anfang nächster Woche bleiben werden.

Meine Erkältung ist noch nicht ganz vorüber, doch der allgemeine Gesundheitszustand hat sich durch die Luftveränderung wunderbar gebessert. Ich sehe Gumpert fast täglich, und sein Rat ist um so wertvoller, je weniger er dafür bezahlt erhält.

Hier geht alles im alten Geleise weiter. Fred ist sehr lustig, seit er „den verfluchten Commerce" los ist. Sein Buch über Irland – was ihn nebenbei etwas mehr Zeit kostet, als er ursprünglich angenommen hatte – wird höchst interessant werden. Die berühmte Doppelju, die in der neuesten irischen Geschichte so obenauf ist und eine so bedeutende Rolle in ihr spielt, wird dort ihr archäologisches Material geschickt dargeboten wiederfinden.

Langes Buch unterscheidet sich von einem „Irish Stew" in dem Punkt, daß es nur Soße und keine Substanz ist. Dieser anmaßende Nichtskönner erwartet offensichtlich, von mir einige Komplimente als Gegenleistung für *seine* „Süßigkeiten"

---

16 Die Adressatin des Briefes, die älteste Tochter von Marx, war Journalistin, Vertreterin der Internationalen Arbeiterbewegung und engagierte sich im Kampf des irischen Volkes für seine Unabhängigkeit. Damit vertrat Jenny Marx eine ähnliche Haltung wie ihr Vater, der betonte, dass die Befreiung Irlands vor allem für die englische Arbeiterklasse notwendig sei.

zu hören, doch er irrt sich jämmerlich. Wieviel er vom „*Kapital*" verstanden hat, wird deutlich bewiesen durch seine Entdeckung, daß meine Theorie vom „Wert" nichts mit den Entwicklungen über den „Arbeitstag" etc. zu tun habe.

Unser Freund Gumpert wird mehr und mehr zu einem liberalen, Stadtgespräche führenden, alltäglichen Menschen. Was bei seiner selbst produzierten und „ererbten" Familie kaum zu verwundern ist. Es ist zuviel des Guten.

Tussy sieht blühend aus und ist sehr fröhlich. Sie hat glücklich festgestellt, daß sich das Viehzeug in Mornington Palace um eine neue Lieferung Kücken usw. vermehrt hat. Sie nahm Fred natürlich hinsichtlich der „Drohbriefe" ins Kreuzverhör; er betrachtete es als gefährlich, über eine solche Sache in Briefen zu sprechen, die von der Post befördert werden und möglicherweise einem Stieber unter die Augen kommen. Der richtige Stieber ist in Paris eifrig damit beschäftigt, ein neues Komplott auszubrüten, in dem die „Internationale Arbeiterassoziation" die Hauptrolle spielen soll und in dem ich als sein alter Schützling und „wirklicher geheimer Oberhauptchef" natürlich erscheinen muß.

Während ich diese Zeilen schreibe, belästigt mich der verdammte Fred durch ständige „fragmentarische" Mitteilungen aus den alten nordischen Sagen. Apropos nordische Sagen, hat Möhmchen vorigen Sonntag nicht bei K. Blinds poetischer Vorlesung assistiert?

Klein Dakyns kam Samstagabend herüber und blieb bis Sonntag hier. Dieser Besuch galt Tussy und mir. Dieser brave Gnom brach ständig in wieherndes Gelächter aus. Seine Tracht war liederlicher als je zuvor – papierne Vatermörder ohne Krawatte, ein schmutziger weißer Hut statt der Schottenkappe und eine Sorte weißer Schuhe, wie man sie an der See trägt. Auf unserem Sonntagsspaziergang – Schorlemmer und Moore waren natürlich mit von der Partie – war sein Erfolg bei der allgemeinen Öffentlichkeit mehr als ein succès d'estime. Er rief direkt eine Sensation hervor.

Und nun, berühmte Doppelju, grüße Möhmchen und Lenchen bestens. Mir fehlen hier die „*Marseillaise*" und alle Nachrichten aus Paris sehr. Im Schillerklub halten sie „*Le Temps*", die langweiligste aller französischen Zeitungen. Auch ihr Herausgeber ist ein Nefftzer, ein Elsässer.

Adio, Du Berühmte,
Old Nick

Literatur

Adorno, Theodor W. 1990: Gesammelte Schriften, Frankfurt a. M.
Adorno, Theodor W. 1947: Dialektik der Aufklärung (zusammen mit Max Horkheimer), Amsterdam.
Adorno, Theodor W. 1955: Prismen. Kulturkritik und Gesellschaft, Frankfurt a. M.
Adorno, Theodor W. 1966: Negative Dialektik, Frankfurt a. M.
Agnoli, Johannes 1975: Überlegungen zum bürgerlichen Staat, Berlin.
Althusser, Louis 1977: Ideologie und ideologische Staatsapparate. Aufsätze zur marxistischen Theorie, Hamburg/Berlin.
Althusser, Louis 2011: Für Marx, Berlin.
Arndt, Andreas 2012: Karl Marx: Versuche über den Zusammenhang seiner Theorie, Berlin.
Avineri, Shlomo 1968: The Social and Political Thought of Karl Marx, Cambridge.
Bader, Erwin 2009: Staat und Religion bei Karl Marx, Hamburg.
Barion, Jakob 1970: Hegel und die marxistische Staatslehre, Bonn.
Blanke, Bernhard 1975: Kritik der Politischen Wissenschaft. Analysen zum Verhältnis von Ökonomie und Politik in der bürgerlichen Gesellschaft, 2 Bde., Frankfurt a. M.
Bloch, Ernst 1968: Über Karl Marx, Frankfurt a. M.
Boccara, Paul 1976: Studien über den staatsmonopolistischen Kapitalismus, seine Krise und seine Überwindung, Frankfurt a. M.
Böckelmann, Frank 1998: Über Marx und Adorno, Freiburg.
Bucharin, Nikolai 1969: Kontroversen über dialektischen und mechanistischen Materialismus, Frankfurt a. M.
Butterwegge, Christoph 1977: Probleme der marxistischen Staatsdiskussion, Köln.
Calvez, Jean-Ives 1964: Karl Marx. Darstellung und Kritik seines Denkens, Freiburg.
Cunow, Heinrich 1920: Die Marxsche Geschichts-, Gesellschafts- und Staatstheorie, Berlin.
Ebbighaus, Rolf (Hrsg.): Monopol und Staat. Zur Marx-Rezeption in der Theorie des staatsmonopolistischen Kapitalismus, Frankfurt a. M.
Esser, Josef 1975: Einführung in die materialistische Staatsanalyse, Frankfurt a. M.
Euchner, Walter 1973: Egoismus und Gemeinwohl. Studien zur Geschichte der bürgerlichen Philosophie, Frankfurt a. M.
Fetscher, Iring 1967: Der Marxismus. Seine Geschichte in Dokumenten, München.
Fetscher, Iring 1967: Karl Marx und der Marxismus. Von der Philosophie des Proletariats zur proletarischen Weltanschauung, München.

© Springer Fachmedien Wiesbaden GmbH, ein Teil von Springer Nature 2018
W. Röhrich, *Karl Marx und seine Staatstheorie*,
https://doi.org/10.1007/978-3-658-21482-1

Fleischer, Helmut 1970: Marx und Engels. Die philosophischen Grundlinien ihres Denkens, Freiburg/München.

Fromm, Erich 1963: Das Menschenbild bei Marx, Frankfurt a. M.

Godelier, Maurice 1970: System, Struktur und Widerspruch im ‚Kapital‘, Berlin.

Godelier, Maurice 1972: Rationalität und Irrationalität in der Ökonomie, Frankfurt a. M.

Gramsci, Antonio 1955: Note sul Machiavelli e lo Stato moderne, Turin.

Grassi, Ernesto 1973: Humanismus und Marxismus. Zur Kritik der Verselbständigung von Wissenschaft, Reinbek.

Guggenberger, Bernd 1974: Wem nützt der Staat? Kritik der neomarxistischen Staatstheorie, Stuttgart.

Habermas, Jürgen 1975: Legitimationsprobleme im Spätkapitalismus, Frankfurt a. M.

Habermas, Jürgen 1967: Zur Rekonstruktion des Historischen Materialismus, Frankfurt a. M.

Hegel, G. W. F. 1973: Werke, hier: Bde. 7 und 8, Frankfurt a. M.

Hennig, Eike/Hirsch, Joachim/ Reichelt, Helmut/Schäfer, Gert (Hrsg.) 1974: Karl Marx/ Friedrich Engels, Staatstheorie. Materialien zur Rekonstruktion der marxistischen Staatstheorie, Berlin.

Henning, Christoph 2017: Marx und die Folgen, Tübingen.

Hirsch, Joachim 1970: Wissenschaftlich-technischer Fortschritt und politisches System. Organisation und Grundlagen administrativer Wissenschaftsförderung in der BRD, Frankfurt a. M.

Hirsch, Joachim 1973: Staatsapparat und Reproduktion des Kapitals, Frankfurt a. M.

Horkheimer, Max 1985 ff.: Gesammelte Schriften in achtzehn Bänden, Frankfurt a. M.

Horkheimer, Max 1967: Zur Kritik der instrumentellen Vernunft, Frankfurt a. M.

Jay, Martin 1976: Dialektische Phantasie. Die Geschichte der Frankfurter Schule und des Instituts für Sozialforschung 1923-1950, Frankfurt a. M.

Kelsen, Hermann 1965: Sozialismus und Staat. Eine Untersuchung der politischen Theorie des Marxismus, Wien.

Kirchheimer, Otto 1967: Politische Herrschaft. Fünf Beiträge zur Lehre vom Staat, Frankfurt a. M.

Kirchheimer, Otto 1972: Funktionen des Staates und der Verfassung. Zehn Analysen, Frankfurt a. M.

Kofler, Leo 1960: Staat, Gesellschaft und Elite zwischen Humanismus und Nihilismus, Ulm.

Kofler, Leo 1964: Der proletarische Bürger. Marxistischer oder ethischer Sozialismus?, Wien.

Kofler, Leo 1976: Zur Geschichte der bürgerlichen Gesellschaft, Neuwied.

Korsch, Karl 1971: Die materialistische Geschichtsauffassung und andere Schriften, Frankfurt a. M.

Kühnl, Reinhard (Hrsg.) 1972: Der bürgerliche Staat der Gegenwart. Formen bürgerlicher Herrschaft II, Reinbek.

Kühnl, Reinhard (Hrsg.) 1974: Texte zur Faschismusdiskussion I. Positionen und Kontroversen, Reinbek.

Läpple, Dieter 1973: Staat und allgemeine Produktionsbedingungen. Grundlagen zur Kritik der Infrastrukturtheorien, Berlin.

Lefèbvre, Henri 1966: Der dialektische Materialismus, Frankfurt a. M.

Lenin, Wladimir Iljitsch 1957: Werke, 40 Bde., Berlin.

Lukács, Georg 1970: Geschichte und Klassenbewußtsein. Studien über marxistische Dialektik, Neuwied.

Lukács, Georg 1973: Der junge Hegel. Über Beziehungen von Dialektik und Ökonomie, Frankfurt a. M.

Mandel, Ernest 1968: Entstehung und Entwicklung der ökonomischen Lehre von Karl Marx (1843-1863), Frankfurt a. M.

Marcuse, Herbert 1962: Vernunft und Revolution. Hegel und die Entstehung der Gesellschaftstheorie, Neuwied.

Marx, Karl/Engels, Friedrich: Werke = MEW, Bde. 1-43, Berlin.

Marx, Karl/Engels, Friedrich: Zur Judenfrage. Kritik des Hegelschen Staatsrecht, in: MEW, Bd. 1.

Marx, Karl/Engels, Friedrich: Die deutsche Ideologie, in: MEW, Bd. 3.

Marx, Karl/Engels, Friedrich: Die Juni-Revolution. Die Klassenkämpfe in Frankreich 1848 bis 1850, in: MEW, Bd.7.

Marx, Karl/Engels, Friedrich: Der achtzehnte Brumaire des Louis Bonaparte, in: MEW, Bd. 8.

Marx, Karl/Engels, Friedrich: Herrn Eugen Dührings Umwälzung der Wissenschaft (Engels), in: MEW, Bd. 20.

Marx, Karl/Engels, Friedrich: Der Ursprung der Familie, des Privateigentums und des Staats (Engels), in: MEW, Bd. 21.

Marx, Karl/Engels, Friedrich: Das Kapital, 3 Bde., in: MEW, Bde. 23, 24 und 25.

Marx, Karl/Engels, Friedrich: Grundrisse der Kritik der politischen Ökonomie, in: MEW Bd. 42.

Massing, Otwin 1970: Adorno und die Folgen, Neuwied.

Mészáros, István 1973: Der Entfremdungsbegriff bei Marx, München.

Miliband, Ralph 1971: Marx und der Staat, Berlin.

Miliband, Ralph 1972: Der Staat in der kapitalistischen Gesellschaft. Eine Analyse des westlichen Machtsystems, Frankfurt a. M.

Narr, Wolf-Dieter (Hrsg.) 1975: Politik und Ökonomie – autonome Handlungsmöglichkeiten des politischen Systems, Opladen.

Neffe, Jürgen 2017: Marx. Der Unvollendete, Gütersloh.

Neumann, Franz 1967: Demokratischer und autoritärer Staat. Beiträge zur Soziologie der Politik, Frankfurt a. M.

Offe, Claus 1972: Strukturprobleme des kapitalistischen Staates, Frankfurt a. M.

Pannekoek, Anton 1969: Lenin als Philosoph, Frankfurt a. M./Wien.

Paschukanis, Eugen 1929: Allgemeine Rechtslehre und Marxismus. Versuch einer Kritik der juristischen Grundbegriffe, Wien.

Poulantzas, Nicos 1973: Die Internationalisierung der kapitalistischen Produktionsverhältnisse und der Nationalstaat, Berlin.

Poulantzas, Nicos 1975: Politische Macht und gesellschaftliche Klassen, Frankfurt a. M.

Poulantzas, Nicos 1978: Staatstheorie. Politischer Überbau, Ideologie, Sozialistische Demokratie, Hamburg.

Poulantzas, Nicos/Miliband, Ralph 1976: Kontroverse über den kapitalistischen Staat. (Internationale Marxistische Diskussion 60), Berlin.

Riedel, Manfred 1969: Studien zu Hegels Rechtsphilosophie, Frankfurt a. M.

Röhrich, Wilfried 1977: Politische Soziologie, Stuttgart.

Röhrich, Wilfried 1979: Sozialgeschichte politischer Ideen. Die bürgerliche Gesellschaft, Reinbek.

Röhrich, Wilfried 2013: Politische Theorien zur bürgerlichen Gesellschaft. Von Hobbes bis Horkheimer, Wiesbaden.

Schiwy, Gert 1969: Der französische Strukturalismus, Reinbek.

Schmidt, Alfred 1971: Der Begriff der Natur in der Lehre von Marx, Frankfurt a. M.

Schmidt, Alfred 1971: Geschichte und Struktur, München.

Schmidt, Alfred 1974: Zur Idee der kritischen Theorie. Elemente der Philosophie Max Horkheimers, München.

Schmidt, Alfred (Hrsg.) 1976: Die kritische Theorie als Geschichtsphilosophie, München/Wien.

Smith, Adam 1974: Der Wohlstand der Nationen, München.

Sperber, Jonathan 2013: Karl Marx. Sein Leben und sein Jahrhundert, München.

Stalin, Joseph 1955: Der Marxismus und die Frage der Sprachwissenschaft, Berlin.

Thalheimer, August 1974: Über den Faschismus, Reinbek.

Printed in the United States
By Bookmasters